지능 입맛 성격
모두 다 유전일까?

지능 입맛 성격
모두 다 유전일까?

초판 1쇄 발행 2025년 7월 14일

글쓴이 유윤한
그린이 란탄
감수 김웅빈

편집장 천미진 | **편집책임** 최지우 | **편집** 김현희
디자인책임 최윤정 | **마케팅** 한소정 | **경영지원** 한지영

펴낸이 한혁수 | **펴낸곳** 도서출판 다림 | **등록** 1997. 8. 1. 제1-2209호
주소 07228 서울시 영등포구 영신로 220 KnK 디지털타워 1806호
전화 02-538-2913 | **팩스** 070-4275-1693 | **전자 우편** darimbooks@hanmail.net
블로그 blog.naver.com/darimbooks | **다림 카페** cafe.naver.com/darimbooks

ISBN 978-89-6177-353-9 73470

ⓒ 2025 유윤한, 란탄

이 책 내용의 일부 또는 전부를 사용하려면 반드시 저작권사와 도서출판 다림의 서면 동의를 받아야 합니다.
책값은 뒤표지에 있습니다.

제품명: 시능 입맛 성격 모두 다 유전일까? | **제조자명:** 도서출판 나림 | **제조국명:** 대한민국
전화번호: 02-538-2913 | **주소:** 서울시 영등포구 영신로 220 KnK 디지털타워 1806호
제조년월: 2025년 7월 14일 | **사용연령:** 10세 이상

※KC마크는 이 제품이 공통안전기준에 적합하였음을 의미합니다.

⚠ 주 의
아이들이 모서리에 다치지 않게 주의하세요.

지능 입맛 성격
모두 다 유전일까?

유윤한 글 탄탄 그림 김응빈 감수

다림

작가의 말

나는 어떻게
만들어졌을까?

우리 몸을 만들기 위해 꼭 필요한 유전자들을 엮어 '나만의 DNA'를 만들어 주는 신이 있다고 상상해 보세요. 간단히 유전자의 신이라 부를게요. 이 신은 유전자 블록을 조립해 기다란 DNA 탑을 쌓는 게 취미예요. 블록 3개씩 모아 만든 암호에 따라 단백질이라는 몸의 재료가 만들어져요. 이 명령에 따라 사람, 물고기, 식물 같은 생명체가 만들어지지요. 그래서 이 DNA 탑은 '생명체 설계도'라고도 불려요.

유전자의 신은 여러분을 만들기 위해, 엄마와 아빠의 유전자 블록 가방에서 절반씩 블록을 꺼내 조립을 시작해요. 이 DNA 탑에는 눈동자 색, 키, 혈액형, 성격 같은 명령어가 담겨 있어요. 그런데 같은 부모님에게서 태어난 형제자매도 서로 다른 DNA 탑을 갖게 돼요. 왜냐하면 유전자의 신이 어떤 블록을 골라

내는지기 ㄱ께ㄴ때ㅏㅏ블ㅓ기ㅐ눈이예요.

　DNA 탑을 이루는 블록의 종류와 순서가 조금만 달라져도 우리의 외모나 성격은 크게 달라져요. 예를 들어 'A-A-A' 같은 블록 암호는 '라이신'이라는 단백질을 만들어요. 라이신은 뼈를 만들고 상처가 낫는 데 도움을 준답니다.

　유전자는 시간이 지나면서 변하기도 해요. 경험이나 환경의 영향을 받아 유전자 스위치가 꺼지면, 제 역할을 하지 못해 몸이 아플 수 있어요. 어떤 유전자는 너무 활발해서 다른 자리에 뛰어들기도 하는데, 이런 변화를 '돌연변이'라고 불러요. 덕분에 생물은 다양해지고, 일부는 환경에 잘 적응하게 돼요.

　아주 작은 생명체가 수많은 돌연변이를 거쳐 사람으로 진화하기까지는 약 40억 년이 걸렸어요. 그리고 온 우주에서 단 하나뿐인 여러분이 태어나기까지는, 더 오랜 시간이 걸렸지요. 이렇게 오랜 시간 끝에 태어난 나는, 어떤 유전자를 가지고 있을까요? 이제, 지능과 입맛, 성격까지 유전이 어떻게 영향을 주는지 함께 살펴봐요.

유윤한

차례

작가의 말 ·············· 4

1장 왜 나만 혈액형이 다를까?
#유전과 유전자

반반에서 시작되는 유전의 법칙 ·············· 10

유전자 도서관 DNA ·············· 13

DNA의 암호를 해독하라 ·············· 15

A형 사이에 피어난 O형 ·············· 17

부록 혈액형이 바뀐다고? ·············· 20

2장 엄마를 닮은 걸까, 아빠를 닮은 걸까?
#우성과 열성 #모계 유전과 부계 유전

엄마 유전자 vs 아빠 유전자 ·············· 24

왜 나만 쌍꺼풀이 없을까? ·············· 28

대머리는 아들에게만 유전될까? ·············· 33

지능도 유전될까? ·············· 37

입맛도 유전될까? ·············· 43

세균도 물려받는다고? ·············· 48

태교, 정말 효과가 있을까? ·············· 53

부록 염색체 수가 많거나 적으면? ·············· 56

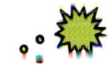

3장 특별한 유전자, 정말 존재할까?

#유전자가 미치는 영향

위기에서 살아남기 '생존 유전자' …………… 60
물만 먹었는데 살쪄요 '비만 유전자' …………… 64
짜릿한 게 좋아 '강심장 유전자' …………… 69
함부로 건들지 마! '폭력 유전자' …………… 73
백 살도 거뜬한 '장수 유전자' …………… 79
절대 못 끊겠어! '중독 유전자' …………… 84

부록 **유전자 가위 이야기** …………… 90

4장 진화는 진행 중

#유전자와 진화 #돌연변이와 바이러스

유전자도 진화할까? …………… 96
바이러스가 DNA를 만든다고? …………… 100
껐다 켰다 유전자 스위치 …………… 104

부록 **트라우마와 유전자 스위치** …………… 109

1장
왜 나만 혈액형이 다를까?

#유전과 유전자

반반에서 시작되는 유전의 법칙

우리는 모두 부모님을 닮지만, 혈액형은 그렇지 않은 경우가 종종 있어요. 만일 내 혈액형이 부모님 중 누구와도 같지 않다면, 왜 그런 걸까요? 형제나 자매는 부모님과 혈액형이 같은데 나만 다르다면, 무언가 수상하지 않나요? 사실 나는 부모님의 친자식이 아니었던 것일까요? 물론 그럴 수도 있지요. 하지만 대부분은 그런 출생의 비밀과는 상관없어요. 그냥 철저한 유전의 법칙에 따라 부모님과는 다른 혈액형을 갖게 된 것뿐이랍니다.

유전이란 부모가 갖고 있는 특성이 자식에게 전해지는 것을 말해요. 엄마와 아빠에게 반반씩 유전자를 물려받아 하나의 내가 되는 거예요. 혈액형뿐만 아니라 성격, 체질, 체형이 이 유전자에 의해서 정해져요. 유전자는 우리 몸을 만드는 데 필요한 정보를 담은 설계도이고, 이 설계도는 DNA로 이루어졌어요. 우리 몸을 이루는 모든 세포들은 모두 이 설계도를 가지고 있지요.

DNA는 긴 사다리가 꽈배기처럼 배배 꼬인 모양이에요. 보통 세포들은 자신과 똑같은 세포를 만들어 복제하면서 수를 늘려 가요. 이것을 세포 분열이라고 하지요. 세포 분열이 일어날 때는 똑같은 DNA를 하나 더 만들어 나누어 갖는 것부터 시작해요. 일단 설계도가 있어야 나머지 것들도 만들 수 있기 때문이에요. 우리 몸을 이루는 대부분 세포들은 매일 이런 방법으로 분열하기 때문에 키도 자라고, 손톱도 자라고, 상처 난 피부도 나을 수 있는 거예요.

우리 몸을 이루는 세포는 블록과도 같아요. 멋지게 쌓아 올린 장난감 블록의 한 부분이 망가지면 갈아 끼워야 하듯, 우리 몸에서도 매일 새로운 세포가 죽은 세포를 대신해야 해요. 그렇지 않으면 생명을 유지할 수 없어요. 새로운 세포를 만들 때 가장 먼저 해야 할 일은 DNA를 갖추는 거예요. DNA가 없으면 세포는 자기가 피부 세포인지 심장 세포인지 알 수 없고, 더 나아가 자신이 해야 할 일도 알 수 없어요. DNA라는 설계도에는 이 모든 것이 기록되어 있지요.

우리 몸의 세포들이 후손에게 DNA를 물려줄 때는 절반만 주어요.

자식은 엄마와 아빠 두 사람 모두에게서 DNA를 물려받아야 하기 때문이지요. 만일 양쪽에서 모든 DNA를 물려받는다면 손자나 증손자를 지나 후손으로 내려갈수록 DNA의 양이 점점 불어나 세포가 터지고 말 거예요.

사람의 유전자가 들어 있는 DNA는 길이가 2m에 이르러요. 눈에 보이지도 않을 정도로 작은 세포 속에 들어가기엔 너무 길지요. 그래서 DNA는 여러 가닥으로 나뉜 뒤 실패에 감긴 실처럼 똘똘 뭉쳐요. 과학자들은 이 뭉치들을 관찰할 때 눈에 띄기 쉽게 염색을 하고, 염색체라 불러요. 즉, 염색체는 DNA 뭉치라고 볼 수 있어요.

인간은 모든 세포마다 염색체를 46개씩 가지고 있어요. 엄마로부터 물려받은 23개와 아빠로부터 물려받은 23개이지요. 그래서 인간의 염색체는 모두 23쌍이에요. 단, 정자 세포와 난자 세포는 예외에요. 46개의 절반인 23개 염색체만 가지고 있지요. 정자가 난자와 합쳐져 수정란이 되면 정자의 23개와 난자의 23개가 합쳐져 다시 46개(23쌍)가 되기 위해서예요.

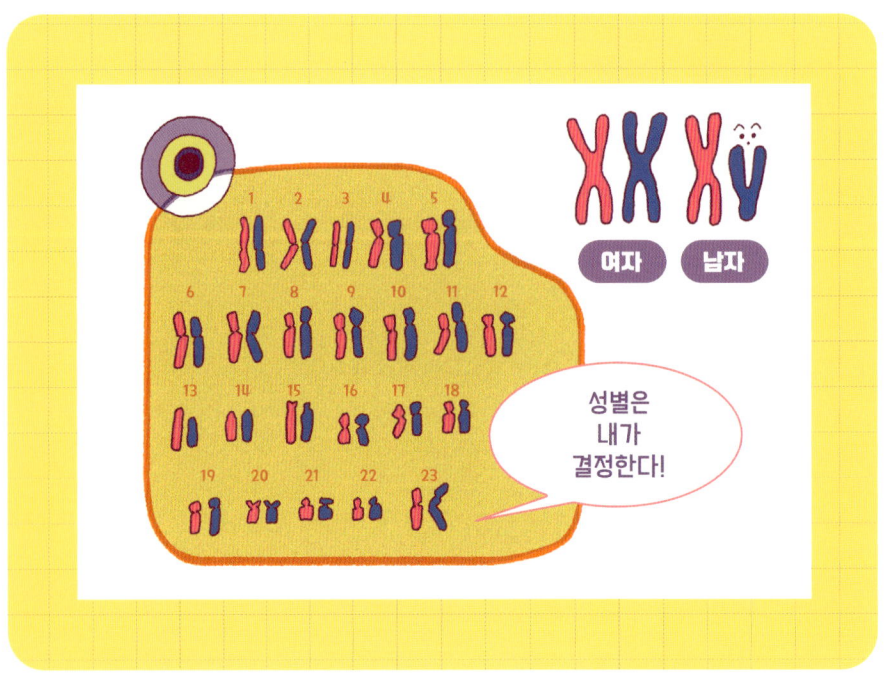

염색체 중 1번~22번 쌍에는 우리 몸을 어떻게 만들지 결정하는 유전자가 들어 있어요. 그리고 마지막 23번 쌍에는 여성인지 남성인지 결정하는 유전자가 들어 있어요. 그래서 보통 23번째 쌍을 성염색체라고 해요. 그림에서처럼 23번째 쌍에서 큰 것은 X염색체, 작은 것은 Y염색체예요. 큰 것만 2개 있어 XX가 되면 여성이고, 큰 것 1개와 작은 것 1개가 있어 XY가 되면 남성이에요.

염색체 23쌍 안에는 우리 몸에 필요한 단백질을 만드는 유전자가 들어 있어요. 후손들이 자기 몸을 만들 때 엄마에게 받은 유전자를 쓸지, 아빠에게 받은 유전자를 쓸지, 아니면 부모님 양쪽에게서 받은 유전자를 모두 쓸지는 그때그때 달라요. 엄마를 더 많이 닮게 될지, 아니면 아빠를 더 많이 닮게 될지 여기에서 갈리지요.

유전자 도서관 DNA

우리 몸의 살, 뼈, 피를 만들려면 단백질이 꼭 필요해요. 단백질은 몸이 움직이고 성장하도록 신호를 보내는 일을 하지요. 이외에 온몸의 세포들에 산소를 운반하기 위해 피를 만들거나, 밥을 소화해 영양분으로 바꿔 주는 일도 단백질이 해요. 그뿐만이 아니에요. 뇌에서 몸의 다른 부분을 움직이기 위해 신호를 보낼 때도 단백질을 이용해요.

DNA에는 이런 단백질을 만들기 위한 설계도가 보관되어 있어요.

마치 유전자 암호를 모아 둔 도서관과도 같지요. 이 도서관에는 23쌍의 염색체, 즉 23권의 책이 들어 있어요. 어떤 책에는 머리카락 색깔을 결정하는 유전자가 들어 있고, 어떤 책에는 채소를 싫어하는 입맛을 결정하는 유전자가 들어 있지요.

DNA를 이루는 네 가지 재료는 아데닌(A), 구아닌(G), 시토신(C), 티민(T)이에요. 간단히 A, G, C, T라고 줄여서 부르거나 네 가지 염기 물질이

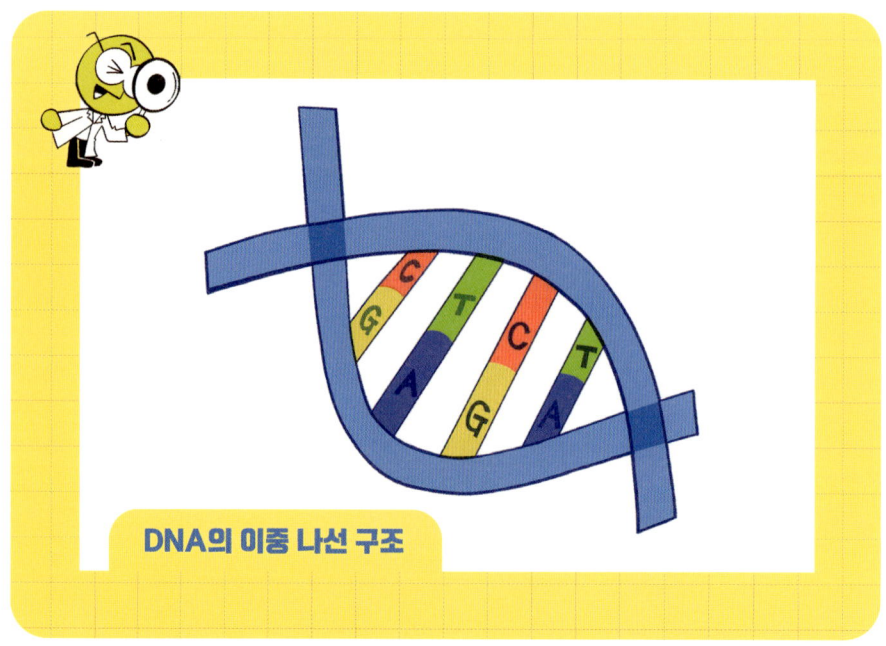

DNA의 이중 나선 구조

라고 부르기도 해요. 퍼즐 조각 같은 염기들이 짝을 이루어 우리 몸의 설계도를 만들어 내지요. 모든 생명체의 DNA는 네 가지 염기 물질로 이루어졌고, A, G, C, T 네 글자로 나타낼 수 있어요. 마치 아무리 복잡한 컴퓨터 프로그램도 마지막에는 0과 1로 나타낼 수 있는 것과 같아요.

DNA마다 A, G, C, T 순서가 조금씩 다르므로 우리는 서로 다른 사람이 돼요. 즉, DNA를 이루는 네 가지 재료가 어떤 순서로 늘어섰는지에 따라 각각의 유전자가 지닌 뜻이 달라져요. 또 그 개수에 따라 식물이나 동물이 되기도 하지요.

DNA를 이루는 네 가지 재료는 항상 2개씩 쌍을 이루어요. 당분과 인이 계단의 기둥 역할을 맡아 이 재료들을 줄줄이 잇고 배배 꼬아요. 이렇게 완성된 꽈배기 모양의 DNA를 가리켜 '이중 나선 구조'라고 해요.

DNA의 암호를 해독하라

그렇다면 DNA는 단백질을 만드는 데 어떻게 관여할까요? 세포는 단백질을 만들어 낼 때, DNA 책에 적힌 유전자 암호를 철저히 따라요. DNA에서 필요한 부분만 복사해서 핵 밖으로 내보내는 일부터 시작하지요. 복사되어 밖으로 나온 DNA를 RNA라고 해요.

세포 액을 둘러싸고 있는 세포질에는 리보솜이 있어요. 리보솜은 '단백질 공장'이라고도 해요. DNA의 일부를 복사한 RNA가 리보솜에 도착하면 암호 해독이 시작되어요. 어떤 단백질을 만들어 내야 할지 알아내는 작업이지요. 암호 해독이 끝나면, 리보솜은 해독된 정보에 따라 수십만 가지에 이르는 다양한 단백질을 만들어 내요.

리보솜은 RNA의 암호를 해독할 때 세 글자씩 끊어서 읽어 내요.

단백질 공장 구조가 세 글자로 이루어진 명령어만 해독하도록 설계됐기 때문이에요. 만일 RNA가 가져온 암호가 'AAA'와 'AAG'라면, 리보솜은 라이신이란 단백질을 만들어 내요. 라이신은 건강한 피부와 뼈를 위해 반드시 필요한 단백질이에요.

단백질을 만들어 내는 리보솜을 김밥 공장이라고 상상해 보세요. RNA가 가져온 레시피엔 무엇을 만들어야 할지 명령하는 암호들이 있어요. 예를 들어, 'AUG(밥을 만들라)', 'GGC(김을 만들라)', 'UUU(단무지를 만들라)', 'UAA(햄을 만들라)' 등이 있지요. 리보솜은 이 명령에 따라 세포질에 있는 재료들을 그러모아 결국 햄과 단무지가 들어간 김밥을 만들어 낼 거예요.

그럼 단백질이 만들어진 뒤 RNA는 어떻게 될까요? 세포 안에 있는 효소에 의해 분해되어 사라지거나 또 다른 RNA를 만들기 위해 재사용한답니다. 마치 새로운 것을 만들기 위해 장난감 블록들을 부수고 다시 쌓는 것과 같지요.

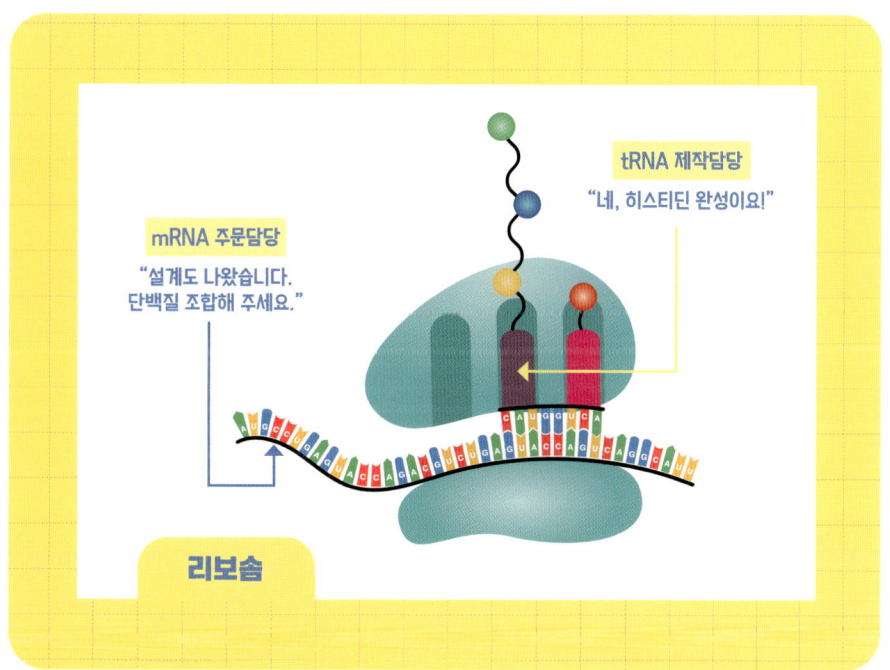

A형 사이에 피어난 O형

그럼 앞에서 우리를 궁금하게 만들었던 혈액형은 어떻게 유전되는 것일까요? 사람의 혈액은 A형, B형, AB형, O형 네 가지로 나뉘어요. 하지만 막상 혈액을 만드는 유전자는 A형, B형, O형, 이렇게 세 가지뿐이랍니다. AB형은 이 세 가지 중 A형과 B형 유전자가 섞이면서 나타난 것이에요.

혈액형 역시 부모님의 유전자를 절반씩 물려받아 정해져요. 그래서 한 부모에게 A형을, 다른 부모에게 B형을 물려받으면 AB형이 된답니다. 그런데 엄마로부터 A형을, 아빠로부터 O형을 물려받으면, A형이 O형보다 강하기 때문에 자녀는 A형이 돼요. 마찬가지로 엄마로부터 B형을, 아빠로부터 O형을 물려받으면, B형이 O형보다 강하기 때문에 자녀는 B형이 돼요. 이런 경우 정확히 말하자면, 자녀의 혈액형은 AO형과 BO형입니다.

AO형과 BO형은 겉으로는 그냥 A형과 B형으로 보여요. A형과 B형이 강하기 때문에 O형 유전자는 활동하지 않아요. 만일 부모가 모두 AO형이고, 자녀가 양쪽 부모로부터 O형의 유전자만 물려받으면 어떻게 될까요? 당연히 자녀는 O형이 되지요. 만일 부모가 모두 BO형이고, 자녀가 양쪽 부모로부터 O형의 유전자만 물려받으면 어떻게 될까요? 이럴 때도 자녀는 당연히 O형이 돼요.

이처럼 부모님은 A형이나 B형인데, 자녀는 부모님이 숨겨 놓은 O형 유전자만 물려받는 경우는 생각보다 흔해요. 따라서 설령 내 혈액형이 부모님과 다르다고 해도 걱정하지 마세요. 부모님이 겉으로 드러내지 않은 유전자를 쏙쏙 골라 물려받은 재주꾼이니까요.

부모 혈액형 조합 결과

부모님의 혈액형에 따라 아이 혈액형은 이렇게 나올 수 있어!

아빠 \ 엄마	A형	B형	O형	AB형
A형	A·O	A·B·O·AB	A·O	A·B·AB
B형	A·B·O·AB	B·O	B·O	A·B·AB
O형	A·O	B·O	O	A·B
AB형	A·B·AB	A·B·AB	A·B	A·B·AB

부록

혈액형이 바뀐다고?

1927년 일본에서 후루카와 다케지라는 교육자가 〈혈액형에 따른 기질 연구〉라는 논문을 발표했어요. A형은 소극적이고, B형은 개성이 강하며, O형은 적극적인 성격이라고 했지요. 그리고 AB형은 A형과 B형의 특색을 모두 갖추었다고 했답니다. MBTI가 유행하기 전, 이런 혈액형 이론을 바탕으로 많은 사람들이 서로의 성격을 판단하기도 했지요.

그런데 이처럼 한때 성격을 나누는 기준이 되었던 혈액형이 변할 수도 있다고 해요. 예를 들어 김○○ 씨는 어린 시절 학교에서 혈액형 검사를 할 때 분명히 A형이었다고 해요. 그런데 어른이 된 뒤 병원에서 큰 수술을 받게 된 김 씨는 수혈을 받던 중 혈액 주머니에 B형이라고 쓰여 있는 것을 발견했지요. '으악! 내 혈관으로 들어가고 있는 피가 B형이라고?' 순간 김 씨는 의료 사고가 났다고 생각해 주위 의사와 간호사들에게 살려 달라고 외쳤어요. 수혈 때 서로 다른 혈액형이 들어가면 적혈구들이 뭉치면서 생명이 위험해지거든요(단 O형은 누구에게나 수혈할 수 있어요).

그런데 실러 딜라는 김 씨의 외침은 괜한 걱정이 없었어요. 사실 수혈 전에 혈액형 검사를 했을 때 김 씨의 혈액형은 정확히 B형이었거든요. 김 씨는 자신의 혈액형이 A형일 거라고 믿고 있었지만, 그것은 큰 착각이었어요. 분명히 학교에서 받은 신체검사에선 A형이라고 했는데 어찌 된 일일까요?

김 씨는 몇 년 전 골수 이식을 받은 적이 있었어요. 골수는 혈액 세포를 만드는 일을 해요. 혈액형이 달라도 골수가 잘 맞으면 이식이 가능하답니다. 그리고 이 혈액 세포가 만든 피의 혈액형은 골수 기부자의 유전자를 따라요. 그래서 새로운 골수를 이식받은 사람은 기부자와 같은 혈액형으로 바뀔 수밖에 없어요.

혈액형이 바뀌었다고 해서 다른 사람이 되는 것은 아니에요. 혈액을 제외한 다른 장기, 피부, 뼈 등은 모두 원래의 유전자 그대로이니까요. 하지만 전에는 없던 문제가 생기기도 해요. 기부자의 유전자에 따라 만들어진 혈액에는 세균이나 바이러스와 맞서 싸울 백혈구도 들어 있어요. 새로 만들어진 백혈구는 원래 있던 백혈구보다 적의 침입을 알아차리는 데 더 뛰어날 수도 있고, 그렇지 않을 수도 있어요. 혈액 기부자에 따라 받는 이의 백혈구 활동력도 달라지지요. 백혈구는 면역력을 형성해요. 그래서 골수 이식 이후, 더 좋은 면역력을 갖게 될지, 그렇게 되지 못할지는 행운에 맡길 수밖에 없답니다.

2장

엄마를 닮은 걸까, 아빠를 닮은 걸까?

#우성과 열성
#모계 유전과 부계 유전

두 번째 고민

엄마 탓?
아빠 탓?

후유, 우리 부모님 얘기인데요.

좋은 건 자길 닮았다고 하고,

역시 똑똑한건 엄마를 닮았어.

무슨 소리, 아빠를 닮은거지!

나쁜 건 서로를 닮았다고 우겨요.

어휴, 발 냄새는 꼭 아빠 닮았네.

편식하는 건 엄마 닮았다니까.

엄마 유전자 vs 아빠 유전자

우리는 부모님 양쪽으로부터 절반씩 염색체를 받아 모두 23쌍, 즉 46개 염색체를 물려받아요. 그 결과 인간의 대부분 유전자는 대립 유전자를 가지고 있어요. 엄마로부터 받은 유전자와 아빠로부터 받은 유전자가 한 쌍을 이루며 서로 힘을 겨루지요.

눈 색깔에 대한 유전자를 살펴보면, 파란색 눈 유전자와 갈색 눈 유전자가 서로 대립 유전자예요. 물론 부모님 양쪽으로부터 모두 파란색 눈 유전자를 물려받거나 갈색 눈 유전자를 물려받을 수도 있어요. 이런 경우엔 같은 파란색 눈 유전자끼리, 혹은 같은 갈색 눈 유전자끼리 서로 한 쌍의 대립 유전자가 되지요.

만일 2개의 대립 유전자가 서로 달라 부딪히면, 대부분 하나만 활동하게 돼요.

주로 힘이 센 우성 유전자가 활동하지요. 단, 특별히 우열이 없을 때는 같이 활동하기도 해요. 혈액형 유전자의 경우 A형과 B형이 만났을 때, 자식이 AB형이 되는 것처럼요.

그런데 어떤 유전자는 우성이나 열성보다는 엄마로부터 물려받은 모계 유전자인지, 아빠로부터 물려받은 부계 유전자인지가 더 중요해요. 이런 경우 대부분 모계나 부계 중 한쪽 유전자만 활동하도록 정해서 있어요. 그리고 가끔 이 법칙을 어기는 경우엔 큰 문제가 생겨요. 바로, 유전병에 걸릴 수도 있다고 합니다.

예를 들어 태아의 성장을 돕는 몇몇 특정 유전자는 부계 유전자만 활동하도록 정해져 있어요. 만일 어떤 문제가 있어 모계 유전자만 활동하게 되면, 태아는 제대로 자라지 못해요. 모계 유전자는 부계 유전자와 달리 태아의 성장을 방해하기 때문이에요.

과학자들은 대립 유전자 한 쌍이 서로 반대되는 성격을 갖게 된 이유가 궁금했어요. 그래서 열심히 연구한 끝에 확실하지는 않지만 중요한 사실을 알게 되었어요. 그 내용을 간단히 살펴보면, 모계 유전자와 부계 유전자는 태아의 몸속에서 서로 지지 않겠다고 밀고 당기는 줄다리기를 해요.

정자로부터 온 부계 유전자는 수억 대 1의 경쟁을 물리치고 겨우 수정란이 되었어요. 태아 DNA의 절반을 차지하기까지 엄청난 고생을 했지요. 앞으로 태아가 자라 다시 자신의 후손을 남기려면 엄마의 몸에서 최대한 많은 영양분을 끌어와 쑥쑥 자라야 해요. 다시 말해 태아의 성장과 관련된 부계 유전자는 엄마의 영양분을 최대한 많이 빼앗아 오려는 경향이 있지요.

하지만 모계 유전자의 입장은 좀 달라요. 일단 난자는 수정란이 되기 위해 다른 난자와 경쟁하지 않아요. 그래서인지 난자로부터 온 모계 유전자들은 부계 유전자만큼 태아의 성장에 힘을 쏟지 않아요. 오히려 엄마로부터 영양분을 빼앗아 성장하는 부계 유전자의 활동을 막으려고 하지요.

이것은 모계 유전자의 입장에선 당연한 일일지도 몰라요. 엄마는 앞으로도 계속 다른 수정란을 뱃속에서 키워야 하기 때문이에요. 한 아기를 위해 모든 영양분을 쓸 수는 없지요. 그래서 자신의 몸에서 태아로 가는 영양분을 최대한 아끼려는 경향이 있다고 해요. 그래서인지 태아가 성장하는 데에는 대부분 모계가 아닌 부계 유전자만 활동하고 있어요. 태아 성장에 더 유리한 쪽이 선택된 것이지요. 하지만 아주 가끔씩 알 수 없는 이유로 모계 유전자가 활동하는 경우가 나타나요. 그러면 수정란은 건강한 태아로 자라기 어려워요. 체중이 평균에 못 미치거나 살아남지 못할 수도 있어요.

유전자가 활동하지 않으려면, '활동 중지 스티커'를 붙이고 있어야 해요.

그래야 그 유전자를 복사한 RNA가 리보솜으로 달려가 단백질을 만들지 않아요. 일단 유전자에 '활동 중지 스티커'가 붙으면 우성과 열성의 법칙은 중요하지 않아요. 아무리 우성 유전자라 해도 이 스티커가 붙으면 숨을 죽이고 가만히 있어야 해요.

요즘은 환경 오염이나 방사능 오염 때문에 갑자기 중요한 유전자에 활동 중지 스티커가 붙기도 해요. 마치 지금 한창 경기를 뛰고 있는 축구선수에게 갑자기 빨간 경고 카드를 내밀며 퇴장하라고 명령하는 것과 같지요. 주요 선수가 갑자기 퇴장하면 경기를 망치듯, 중요한 유전자가 활동을 멈추면 우리 몸은 건강을 잃게 된답니다.

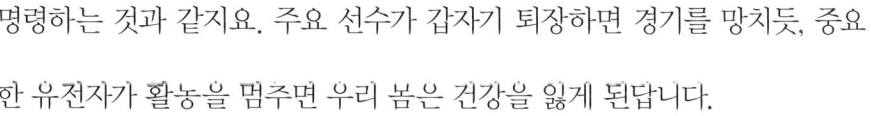

지금까지 살펴본 결과, 수정란이 태아로 자랄 때 모계 유전자는 부계 유전자에 비해 소극적인 듯했어요. 하지만 결국 태아를 먹여 살려 한 인간으로 내보내는 과정은 모계 유전자가 책임지게 돼요. 어떻게 된 일이냐고요? 남자 세포 속 미토콘드리아의 함약 때문이랍니다.

우리 몸속 세포엔 미토콘드리아라는 기관이 있어요. 미토콘드리아는 영양분을 가져다가 세포가 살아가는 데 필요한 에너지를 만들어요. 태아의 세포 속 다른 DNA들은 엄마와 아빠로부터 반반씩 물려받지만, 미토콘드리아는 그렇지 않아요. 수정란이 되는 순간 정자 세포의 미토콘드리아는 사라져 버리기 때문이에요. 결국, 태아로 자라나는 모든 세포 속 미토콘드리아는 모계 DNA로만 채워지지요. 즉, 인간이 미토콘드리아를 통해 몸에서 필요한 에너지를 만드는 방법은 엄마로부터만 물려받은 것이라 할 수 있어요.

왜 나만 쌍꺼풀이 없을까?

우리의 외모는 대부분 부모님을 닮지만, 그렇지 않은 경우도 종종 있어요. 어떤 아이가 골목을 지나가면, 가끔씩 동네 어른들이 "너 저기 파란 대문 집 아이구나. 엄마를 쏙 빼닮았네!"라고 말해요. 하지만 어떤 아이는 "네가 정류장 앞 분식집 아들이라고? 엄마 아빠랑 하나도 안 닮았네."라는 말을 듣기도 해요. 심지어 가끔 "넌 왜 엄마 아빠를 하나도 안 닮았니? 다리 밑에서 주워 왔나 보다."라고 놀리는 어른들도 있어요. 우리는 누구나 유전자의 절반을 엄마로부터, 나머지 절반을 아빠로부터 물려받는데, 왜 이런 일이 생기는 것일까요? 그것은 아마도 엄마와 아빠로부터 절반씩 물려받아 이루어진 한 쌍의 대립 유전자 중에서 하나만 골라서 쓰는 경우가 생각보다 많기 때문이에요.

우리가 밥을 먹을 때면, 숟가락과 젓가락이 항상 같이 나와요. 대립 유전자도 수저처럼 한 쌍을 이루지요. 하나는 엄마에게서, 다른 하나는 아빠에게서 물려받은 것이에요. 그런데 대립 유전자는 수저와 구성이 좀 다를 수 있어요. 예를 들어, 숟가락만 두 개일 수도 있고, 그렇지 않으면 젓가락만 두 배일 수도 있지요. 한쪽으로 치우치는 경우가 생기기 때문이에요.

　부모님 양쪽으로부터 눈동자 색 유전자를 물려받을 때도 마찬가지예요. 만약 엄마는 파란색 눈의 서양인이고, 아빠는 갈색 눈의 동양인이라면 어떻게 될까요? 자녀는 파란색 눈 유전자 1개와 갈색 눈 유전자 1개를 물려받게 될 거예요. 하지만 자녀의 눈동자에는 한 가지 색깔만 나타나게 돼요. 2개의 서로 다른 대립 유전자가 부딪히면 대부분 1개만 활동하기 때문이에요. 즉, 2개 중 1개만 눈동자 색깔을 결정하는 데 쓰이는 거예요. 나머지 1개는 조용히 물러나 있지요. 우리가 밥 먹을 때 보통 숟가락과 젓가락을 동시에 들지 않는 것과 비슷해요.

　2개의 대립 유전자가 부딪혔을 때 겉으로 드러나는 유전자를 우성이라 하고, 조용히 침묵하는 유전자를 열성이라고 해요. 열성 유전자는 수줍음을 많이 타는 사람 같아요. 주위에 우성 유전자가 없을 때만 겉으로 드러나 활동하지요. 위에서 예로 든 유전자의 경우에 우성은 갈색 눈 유전자예요. 즉, 파란색 눈 엄마와 갈색 눈 아빠 사이에서 태어난 자녀의 눈동자는 우성인 갈색을 띠게 되지요. 파란색 눈 유전자도 물려받기는 했지만, 열성이라 드러나지 않아요. 하지만 가끔 열성인 파란색 눈이나 부모님을 닮지 않은 초록색 눈으로 태어나는 아이도 있답니다. 눈동자 색깔을 결정하는 데 우성과 열성으로 결정되지 않는 다른 유전자가 개입했거나 유전자에 변이가 일어났기 때문이에요.

그렇다면 파란색 눈을 가진 부모는 자녀에게 자신과 똑같은 색깔 눈동자를 물려줄 기회가 없는 걸까요? 만일 그렇게 되면 이 세상 사람들은 모두 갈색 눈동자만 갖게 되겠군요. 하지만 그런 일은 절대 일어나지 않아요. 평소엔 젓가락만 가지고 밥을 먹는 사람이라 해도 그날 식탁에 숟가락들밖에 어떻게 할까요? 당연히 숟가락으로 밥을 먹겠지요. 마찬가지로 부모님 양쪽으로부터 물려받은 유전자가 모두 열성이라 열성 유전자가 밖으로 드러날 수밖에 없어요. 즉, 파란색 눈 엄마가 파란색 눈 아빠와 결혼해 아이를 낳으면 아이는 열성인 파란색 눈 유전자만 2개 물려받게 돼요. 이런 경우엔 아이의 눈도 파란색이 된답니다.

지금까지 이야기를 정리해 볼게요. 갈색 눈 유전자처럼 우성 유전자는 부모 중 한쪽만 물려주어도 겉으로 드러나요. 하지만 파란색 눈 유전자처럼 열성 유전자는 양쪽 부모가 모두 물려주어야만 겉으로 드러나요.

우리의 외모 중 많은 부분은 우성과 열성의 유전자 법칙에 따라 결정돼요. 예를 들어 쌍꺼풀과 관련해선 쌍꺼풀 있는 눈이 우성이랍니다. 이때 쌍꺼풀 유전자를 A라 하고, 외꺼풀 유전자를 a라 해 볼게요. 만일 부모님 양쪽 모두 A 유전자와 a 유전자를 가지고 있다면, 두 사람의 눈에는 우성인 A 유전자 즉, 쌍꺼풀이 드러나 있을 거예요. 그런데 자녀가 엄마로부터 a 유전자를 물려받고, 아빠로부터도 a 유전자를 물려받는다면, 자녀의 눈에는 쌍꺼풀이 보이지 않을 거예요. 비록 엄마와 아빠는 모두 쌍꺼풀을 가지고 있다 해도, 그들에겐 드러나지 않았던 열성 외꺼풀 유전자만 물려받았기 때문이에요. 이런 경우 가끔 부모님이 "넌 도대체 누구를 닮았니?"라고 물어볼 수도 있어요.

눈동자 색이나 쌍꺼풀 외에도 외모에 영향을 끼치는 우성 유전자를 몇 가지 더 예로 들어 볼게요. 갈색이나 검은색처럼 어두운 머리색 유전자는 금발이나 빨간색처럼 밝은 머리색보다 우성이고, 주근깨가 있는 유전자는

주근깨가 없는 유전자보다 우성이에요. 또, 보조개가 있는 유전자가 보조개가 없는 유전자보다 우성이고, 곱슬머리 유전자가 직모 유전자보다 우성이랍니다.

하지만 모든 유전자가 단순히 우성과 열성의 법칙에 따라 드러나는 것은 아니에요. 예를 들어 식물의 경우엔 빨간색 꽃과 흰색 꽃을 교배시키면 후손에게서 반드시 어느 한쪽이 나타나진 않아요. 대신 두 가지 유전자가 섞여 분홍색 꽃이 나타나기도 하지요. 사람의 혈액형도 비슷해요. 한쪽 부모로부터 A형 유전자를 물려받고, 다른 부모로부터 B형 유전자를 물려받으면 자녀는 AB형이 되지요. A형 유전자와 B형 유전자는 어느 한쪽도 우성이 아니므로 자녀에게서 동등하게 나타나는 거예요.

그렇다면 우리의 키를 결정하는 유전자는 어떨까요? 만일 엄마의 키가 작은 편이고, 아빠의 키가 큰 편이라면, 자녀는 어느 쪽을 닮을까요? 키 작은 유전자와 키 큰 유전자는 어느 쪽이 우성일까요? 사실 키를 결정하는 데는 여러 가지 유전자가 영향을 끼치기 때문에 어느 쪽이 우성이라고 말하기 어려워요. 또 먹는 음식이나 운동 습관도 영향을 끼쳐요. 키뿐만 아니라 우리 몸에 나타나는 많은 특징은 다양한 유전자와 환경의 영향을 받아 결정된답니다.

대머리는 아들에게만 유전될까?

흔히 대머리는 아들에게만 유전된다는 이야기가 있어요. 유독 남자에게만 대머리가 많이 보이기 때문인 것 같아요. 그런데 이 말이 사실인지 아닌지 알아보기 전에 살펴볼 문제가 있어요.

우리 몸의 유전자는 자신이 아빠로부터 온 것인지, 엄마로부터 온 것인지 기억하고 있어요. 기차표처럼 출발지가 적혀 있는 거예요. 그 정보를 이용해 성장하는 데 불리한 몇몇의 모계 유전자에는 활동 중지 스티커가 붙었지요. 그렇다면 어떤 유전자는 스스로 도착지를 정할 수도 있지 않을까요? 대머리 유전자를 예로 들면 '딸' 역은 지나치고 '아들' 역에서만 내리도록 표를 쥐여 준 것이죠. 혹은 딸 역에 내렸을 때만 대머리 유전자에 활동 중지 스티커가 붙는 건 아닐까요?

그런데 지금까지의 연구 결과에 따르면 그렇지는 않은 것 같아요. 대신 여성은 탈모 유전자의 활동을 억누르기에 유리한 조건을 가지고 태어나요. 그래서 여성에게는 대머리가 잘 나타나지 않는다고 해요.

대머리는 부계와 모계를 통해 유전되는 다양한 유전자의 영향을 받아 나타나요. 그중에서도 가장 큰 영향을 끼치는 것은 머리카락이 한꺼번에 많이 빠지도록 만드는 'AR 유전자'예요. 지금부터는 이 유전자를 그냥 탈모 유전자라고 부를게요.

탈모 유전자는 엄마와 아빠 양쪽으로부터 물려받는 X 염색체 안에 있어요. 이 유전자는 부계 X 염색체에 있을 수도, 모계 X 염색체에 있을 수도 있어요. 또 양쪽 모두에게 있을 수도 있지요.

X 염색체는 23번째 염색체 쌍에 있어요. 앞에서도 이야기했듯이 23번째 쌍은 남자가 될지 여자가 될지를 결정하는 성염색체이기도 해요. 이곳에 'X 염색체 + X 염색체' 한 쌍이 있으면 딸이 되고, 'X 염색체 + Y 염색체' 한 쌍이 있으면 아들이 돼요.

탈모 유전자는 열성 유전자이기 때문에 대립하는 우성 유전자(머리카락이 빠지지 않는 정상 유전자)가 있으면 활동하지 못해요. 그래서 X 염색체가 1개뿐인 아들은 불리해요. 엄마로부터 물려받은 X 염색체에 탈모 유전자가 있다 해도, 이것을 눌러 줄 대립 유전자를 가진 또 하나의 X 염색

여성 염색체　　　　　**남성 염색체**

재가 있기 때문이에요. 아들이 아빠로부터 물려받은 Y 염색체에는 탈모 유전자를 누를 수 있는 우성 유전자가 없어요. 탈모만이 아니에요. Y 염색체에 들어 있는 유전자 수는 X 염색체보다 훨씬 적기 때문에 필요한 유전자를 골라 쓰기에 아들은 불리한 경우가 많지요.

탈모 유전자처럼 X 염색체에만 있는 유전자에 문제가 생기면, 아들은 대부분 이 문제를 해결할 수 없어요. 하지만 딸은 엄마나 아빠로부터 탈모 유전자를 물려받아도 또 하나의 X 염색체에 정상 유전자가 있어서 이것을 눌러 주어요. 물론, 여자 중 X 염색체 2개 모두에 탈모 유전자를 가진 예도 있어요. 탈모 유전자만 2개 있으므로 열성 유전자라 해도 조용히 모습을 드러내지요.

탈모 공범! DHT
거주지:남성 호르몬 직업:성장 심부름꾼

그럼에도 불구하고 여자 중엔 대머리가 드문 이유가 뭘까요? 사실, 탈모를 일으키는 데에는 공범이 하나 더 있어요. 바로 DHT라는 남성 호르몬은 몸속에서 나오는 작은 '심부름꾼'이에요. 키, 기분, 잠자기, 배고픔과 관련된 신호를 보내요. 예를 들어, 성장호르몬이 나오면 뼈와 근육이 자라서 키가 크고 몸이 튼튼해져요. 그런데 DHT는 머리카락의 뿌리를 약하게 만드는 호르몬이에요. 남성에게는 남성 호르몬이 많기 때문에 DHT의 영향을 받을 수밖에 없어요. 상대적으로 남성 호르몬이 적은 여자는 DHT의 영향을 덜 받게 되지요. 그래서 같은 탈모 유전자를 갖고 있어도 여자는 남자보다 머리가 덜 빠지는 거예요.

마지막으로 재미있는 상상을 해 봐요. 대머리에 배가 나온 중년 아저씨가 늙은 부모님을 찾아가 이렇게 말하는 거예요. "어머니, 아버지. 이젠 말씀해 주세요. 난 친아들이 아니죠?" 놀란 부모님이 갑자기 왜 그러느냐고 물었어요. 그러자 아들은 하얗게 세었지만 여전히 숱이 많은 부모님의 머리를 가리키며 "저만 대머리잖아요."라고 대답했어요. 그러자 엄마는 아들의 슬픈 얼굴을 보며 이렇게 말했어요. "아유, 이 녀석아. 네 외할아버지도 대머리잖아. 원래 대머리는 격세 유전하는 거야."

격세 유전이란 몇 세대를 건너뛰어 유전자가 활동하는 것을 뜻해요. 그런데 탈모는 격세 유전처럼 보여도 사실은 아니에요. X 염색체에만 탈모 유전자가 있으므로 다른 X 염색체의 대립 유전자가 정상이면, 활동하지 않는 것뿐이에요. 위의 사례에서 엄마는 대머리인 외할아버지의 탈모 유전자를 물려받았지만 드러나지 않았던 것이에요. 엄마는 여자라서 X 염색체가 2개이기 때문에, 열성인 탈모 유전자를 누를 우성 유전자를 가졌을 거예요. 하지만 엄마로부터 탈모 유전자를 물려받은 아들은 X 염색체가 1개이기 때문에 이것을 누를 길이 없어 외할아버지처럼 대머리가 되고 만 것이에요.

탈모 유전자처럼 X 염색체에만 있으므로 아들에게 주로 문제를 일으키는 유전자는 몇 가지 더 있어요. 예를 들어, 색깔을 잘 구분하지 못하는 색맹 유전자가 있어요. 한번 피가 나면 잘 멈추지 않는 혈우병도 아들에게 주로 나타나는 대표적인 유전병이에요. 단, 이 병은 유전자의 자연적 돌연변이가 원인인 경우도 있다고 해요. 즉, 부모로부터 혈우병 유전자를 물려받지도 않았는데 자손의 유전자 자체에 문제가 생겨 혈우병에 걸리게 되는 것이지요.

그렇다면 딸들은 X 염색체의 돌연변이로 인한 탈모, 색맹, 혈우병에 절대 걸리지 않을까요? 당연히 아니랍니다. 만일 엄마로부터 물려받은 X 염색체와 아빠로부터 물려받은 X 염색체 모두에 문제를 일으키는 열성 유전자가 있다면 딸도 대머리, 색맹, 혈우병을 보일 수 있어요. 하지만 그런 경우는 비교적 드물어서 눈에 잘 띄지 않을 뿐이지요.

지능도 유전될까?

우리는 누구나 지능이 높았으면 해요. 그런데 지능이 결정되는 데는 부모님으로부터 물려받은 유전자가 중요한 역할을 해요. 그러니 지금부턴 자신의 머리가 나쁜 것 같으면 무조건 부모님을 원망하세요. 기분이 좀 나아질 거예요. 어쨌든 내 잘못이 아니니까요. 하하, 농담입니다. 이렇게 부모님 탓을 하거나 남 탓을 하면 나는 아무런 발전도 할 수 없어요. 당연히 좋은 일도 일어나지 않게 되지요.

여기 아주 성능이 좋은 컴퓨터가 있어요. 그런데 이 컴퓨터의 사용법을 잘 모를 뿐만 아니라, 사용법을 배우려는 노력도 하지 않는다면 어떻게 될까요? 아무리 좋은 컴퓨터도 고철 덩어리에 지나지 않을 거예요. 사실 특별한 경우가 아니면 컴퓨터의 성능보다 중요한 것은 사용자가 컴퓨터에 대해 '얼마나 잘 알고, 잘 다루느냐'입니다. 대부분 사람들은 컴퓨터 안에 들어 있는 여러 가지 기본 프로그램도 다 사용할 줄 모르거든요. 애초에 성능이 좋고 나쁜 것은 크게 중요하지 않아요.

우리의 두뇌도 마찬가지랍니다. 아주 특별한 경우를 제외하고는 지능의 차이는 그렇게 크지 않아요. 오히려 평소 자신의 두뇌에 대해 얼마나 잘 알고, 얼마나 훈련을 잘 시키는지가 더 중요하답니다. 아무리 뛰어난 지능을 가지고 있다 해도 제대로 사용하지 않으면, 시험에 떨어지거나 학습에 뒤처지게 될 수 있어요.

그럼 지금부터는 두뇌에 대해 좀 더 잘 알기 위해 지능이 어떻게 유전되는지 살펴볼게요. 보통 지능이 높은 사람들을 가리켜 '머리가 잘 돌아간다'

혹은 '머리가 빨리 돌아간다'라는 말을 해요. 이때 머리가 빨리 돌아간다는 것은 그만큼 뇌의 활동이 빠르게 일어난다는 뜻이에요. 즉, 뇌의 신경 세포들이 신호를 주고받는 속도가 빠르다는 뜻이지요.

뇌의 신경 세포는 전기 신호를 이용해 정보를 주고받아요. 미국 국립보건원에서 이루어진 연구에 따르면, 신경 세포를 미엘린이라는 절연체˙가 잘 감쌀수록 정보를 빨리 주고받을 수 있다고 해요. 미엘린 덕분에 전기가 신경 세포 밖으로 새어 나가지 않으니까요. 그리고 이처럼 미엘린이 신경 세포를 감싸는 능력은 부모님이 물려준 유전자에 따라 달라져요.

머리가 빨리 돌아간다
=
미엘린 성능이 뛰어나다

다시 말해 나의 신경 세포들이 정보를 주고받는 속도는 부모님이 물려준 '미엘린의 신경 세포 감싸기' 능력에 따라 달라지는 것이지요. 만일 이 능력이 강력한 유전자를 물려받았다면, 내 머릿속의 정보들은 제트기를 타고 이동할 거예요. 머리가 아주 빨리 돌아가는 사람이 되는 것이지요. 반

● 절연체 전기나 열을 잘 전달하지 못하는 물체

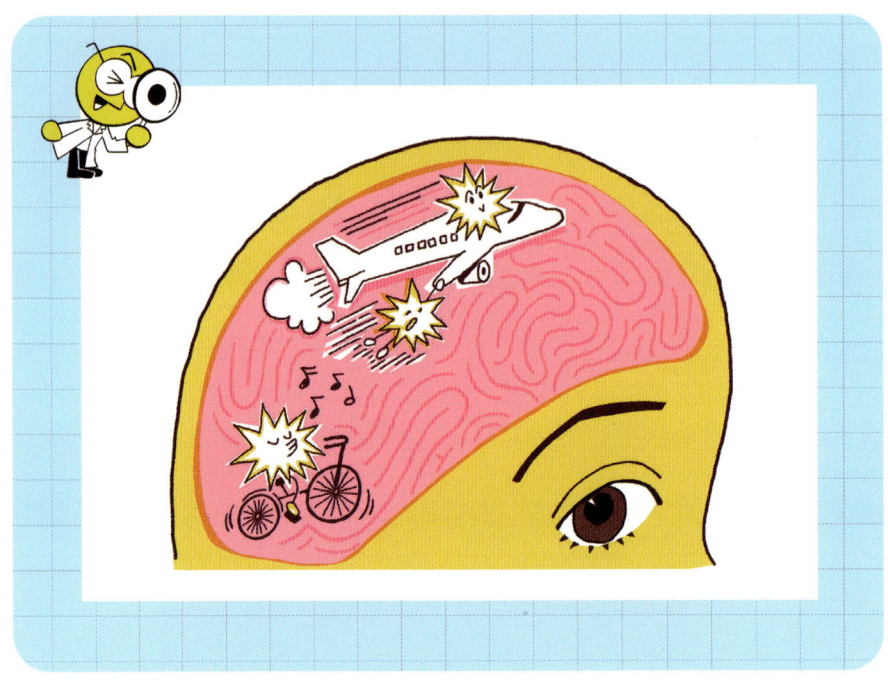

면에 이 능력이 약한 유전자를 물려받았다면, 내 머릿속의 정보들은 자전거를 타고 이동할 거예요. 생각이 좀 느린 사람이 되는 거지요.

하지만 내 머릿속에 제트기가 없다고 해서 실망하지 마세요. 우리 뇌는 신체의 그 어떤 기관보다 유연해요. 잘 변한다는 뜻이지요. 이런 특성을 '뇌의 가소성'이라 하고, 훈련을 통해 약점을 극복한 사례들이 많아요. 사고로 뇌의 절반을 잃었지만, 반쪽 뇌를 꾸준히 훈련시켜 정상인보다 높은 지능을 유지하기도 해요. 또, 선천적인 뇌 장애로 계산이나 읽기를 할 수 없었던 사람이 끊임없는 훈련을 통해 정상인처럼 계산하고 읽는 능력을 갖기도 하지요. 이런 사람들은 두뇌를 훈련하기 위해 계산하고 읽고 말하며 노력했고, 그 결과 이런 행동과 관련된 뇌 영역의 활동이 활발해지기 시작했어요. 이것은 자극을 받은 신경 세포 주변을 감싸는 미엘린의 성능이 향상되고, 신경 세포들끼리 연결되는 능력도 좋아져 정보를 보내는 속도가 빨라졌기 때문이에요.

지능의 유전과 관련해 또 한 가지 중요한 사실이 있어요. 성염색체인 X 염색체와 Y 염색체의 역할이에요. 보통 X 염색체가 가진 유전자는 900개 정도이고, Y 염색체가 가진 유전자는 100개 정도예요. 특히 X 염색체에는 뇌 기능과 관련된 유전자가 많다고 해요.

앞에서도 이야기했듯이 아들은 어머니로부터 물려받은 X 염색체 1개와 아버지로부터 물려받은 Y 염색체 1개를 가지고 있어요. 한편, 딸은 엄마와 아빠로부터 각각 물려받은 2개의 X 염색체를 가지고 있어요.

X 염색체가 2개인 딸은 유리한 점이 많아요. 엄마로부터 물려받은 X 염색체의 뇌 기능 유전자에 문제가 생기면 아빠로부터 물려받은 다른 X 염색체의 유전자를 쓰면 되니까요. 하지만 아들은 달라요. 엄마로부터 물려받은 X 염색체에 문제가 있든 없든 이것을 대신해 줄 유전자가 Y 염색체에는 없어요. 그러니 싫든 좋든 몇몇 뇌 기능 유전자를 엄마에게서만 물려받게 되지요. 그래서 아들의 지능은 아빠보다 엄마로부터 조금 더 많은 영향을 받게 돼요.

물론 지능은 X 염색체뿐만 아니라 다른 다양한 염색체에 포함된 수많은 유전자의 영향을 받고 있어요. 지금까지 연구 결과에 따르면, 수백 수천 개에 이르는 유전자가 지능에 영향을 끼친다고 해요. 그런데 유전자가 지능의 모든 것을 결정하지는 않아요.

지능은 외부 환경의 영향을 많이 받기 때문에 스스로 노력해 발전시킬 수도 있어요.

마치 운동을 하지 않으면 근육이 강해지기 어려운 것처럼, 우리의 두뇌도 자극을 받지 못하면 신경 세포들이 강해질 수 없어요. 미엘린이 신경 세포들을 잘 감싸 주지 못하게 되고, 신경 세포들끼리 연결되는 능력도 떨어져요. 하지만 여러분은 늦지 않았어요. 이 책을 읽고 있는 지금부터 열심히 두뇌를 자극해 보세요. 일단 책을 읽으며 생각한다는 것은 아주 좋은 일이에요. 어려운 문제를 많이 풀고, 새로운 지식을 익히고, 생각을 많이 하면 두뇌 속 신경 세포들이 자극을 받아요. 마치 근육을 단련하기 위해 운동을 하는 것과 같지요. 마지막으로, 적절한 운동은 두뇌 발달에도 도움이 돼요. 우리 몸과 뇌는 항상 연결되어 있으니까요.

입맛도 유전될까?

여러분은 채소를 좋아하나요? 학교 급식에 브로콜리가 반찬으로 나오면 빨리 먹고 싶어서 군침이 도나요? 아니면 왠지 입맛이 사라지고 인상이 찡그려지나요? 의외로 채소를 싫어하는 사람은 많아요. 부모님은 편식을 하지 말라며 채소를 억지로 먹이지만, 몰래 뱉어 버리는 친구들도 있답니다. 왜 고기를 싫어하는 사람보다 채소를 싫어하는 사람이 훨씬 많은 걸까요?

아주 오랜 옛날에는 미각이 발달할수록 유리한 점이 많았어요. 당시엔 주로 산과 늘판에서 따 온 풀과 열매를 먹으며 살았기 때문이에요. 하지만 산과 들의 식물이 모두 인간에게 안전하진 않았어요. 독성을 가진 것도 있었거든요. 그중 몇몇은 쓴맛을 냈어요. 쓴맛을 내는 맹독 식물에 몇 차례 호되게 당한 인간은 쓴맛을 경계하며 식물을 가려 먹게 되었어요.

쓴맛은 위험하군…

쓴맛을 예민하게 느낄 수 있는 사람은 당연히 더 오래 살아남아 많은 자손을 남길 수 있었고, 그 결과 인류는 점점 더 쓴맛을 싫어하도록 진화했어요. 현대인 중에서 채소를 끔찍히 싫어하는 사람들은 조상으로부터 발달된 미각 유전자를 물려받은 게 틀림없어요.

　발달된 미각 유전자의 소유자들은 혀에 있는 맛봉오리 수가 보통 사람들보다 많다고 해요. 맛봉오리 수가 많으면 브로콜리 같은 채소가 입안으로 들어온 순간 특별한 반응을 보여요. 예를 들어, 맛봉오리들이 모두 흥분해서 '쓰레기 같은 맛이야!' 혹은 '이건 삼키면 안 돼!'라고 뇌에 신호를 보내지요. 그럼 뇌는 즉시 그 음식을 토해 내라고 위에 명령을 내려요. 브로콜리를 먹다가 화장실로 달려가는 친구들은 아마도 이런 과정을 경험했을 거예요. 입에서 쓰레기 맛이 느껴지는데 어떻게 토하지 않고 배길 수 있겠어요?

미각 유전자가 지나치게 발달한 사람들 중에는 브로콜리에서 개의 입 냄새 같은 맛이 난다고 말하기도 해요. 이 사람들은 케일, 양배추, 콜리플라워 같은 다른 십자화과 채소들에서도 비슷한 맛을 느낀답니다. 세계 인구의 25%, 즉 4분의 1이나 되는 사람들이 이런 입맛을 가졌다고 하네요. 영양가 있는 채소들을 제대로 먹지 못한다니, 유감스러운 일이지요.

그러고 보니 채소를 싫어하는 친구들은 나름대로 할 말이 생겼어요. 부모님에게 물려받은 유전자 때문에 어쩔 수 없이 편식하는 것이라고 주장할 수 있게 되었으니까요. 게다가 거친 자연환경에서 살아남기 위해 유전자가 진화해 온 결과라고 하면, 채소는 몸에 좋으니까 무조건 먹어야 된다는 말을 더 이상 듣지 않아도 될 거예요.

우리의 입맛을 지배하는 유전자는 다양하기 때문에 사람마다 싫어하는 채소도 달라요. 어떤 사람은 쌀국수에 들어가는 고수에서 화장품 냄새가 난다고 싫어해요. 비누를 씹는 느낌이 든다며 이 푸른색 채소를 모두 골라내거나 뱉어 버리지요. 이 사람들은 고수에 들어 있는 알데히드란 화학 물질의 냄새를 유독 잘 맡을 수 있는 유전자를 물려받았을 가능성이 커요. 알데히드는 화장품, 비누, 향수에 들어가 향기를 내는 물질이에요. 때문에 알데히드를 가진 고수에서 화장품, 비누, 샴푸 냄새가 나고, 이것이 결국 이상한 맛으로 느껴지는 거예요. 우리가 맛을 느낄 때에는 후각도 함께 작용하니까요.

입맛 유전자는 먹고 사는 문제와 관련이 깊기 때문에 아주 중요해요. 그래서 종류도 다양하고 돌연변이가 일어나기도 쉽지요. 덕분에 우리는 다양한 쓴맛을 느낄 수 있게 되었고, 심지어는 즐길 수도 있지요. 예를 들어 커피 같은 차를 즐기는 사람들은 차가 내는 구수하면서도 쌉싸래한 맛에 적응하고 좋아하게 된 거예요.

앞에서도 이야기했듯이 쓴맛 유전자에 변이가 생기면 쓴맛을 느끼는 정도가 달라져요. 어떤 유전자를 가졌는지에 따라 쓴맛 나는 음식을 토할 정도로 싫어할 수도 있고, 쓴맛을 거의 느끼지 못할 수도 있어요.

쓴맛 외에 단맛, 짠맛, 신맛을 느끼는 것과 관련된 유전자에도 여러 종류가 있어요. 하지만 쓴맛 유전자만큼 다양하지는 못해요. 살아남기 위해 독을 피하는 것만큼 중요한 일도 없으니까요. 다양한 독의 맛을 구별하기 위해 쓴맛 유전자도 그만큼 발달할 수밖에 없었답니다.

인류에게 쓴맛 다음으로 중요한 것은 단맛이에요. 단맛 나는 음식의 대부분은 몸에 들어가면 에너지로 바뀌어 살아갈 힘을 주기 때문이지요. 그래서인지 단맛 유전자도 쓴맛 유전자처럼 변이를 일으키며 진화해 왔어요. 아주 오래전, 우리 조상 중 일부는 단맛 나는 음식이 부족한 환경에서 살았어요. 이런 경우엔 단맛이 나지 않는 다른 음식들을 먹어 영양분을 얻어야 했어요. 그래서 유전자가 단맛을 덜 느끼는 쪽으로 진화했지요. 예를 들어, 극지방에서 사냥한 고기를 먹고 살았던 북극 원주민은 단맛을 잘 느끼지 못했어요. 그러니 굳이 달콤한 과일 열매를 찾아 추운 벌판을 돌아다닐 필요가 없었지요.

하지만 극지방에 현대 문명이 들어오면서 달콤한 가공식품을 맛보게 되자 입맛이 변하기 시작했어요. 단맛 나는 음식은 대부분 조금만 먹어도 큰 에너지를 얻을 수 있기 때문에 사람들은 본능적으로 이 맛에 끌려요. 에너지를 줄 음식을 찾은 것에 대한 보상으로 뇌에선 도파민이 나오기 때문이지요. 도파민은 우리 머릿속에서 '행복해! 즐거워!'라고 외치는 물질이에요. 북극 원주민들도 도파민을 샘솟게 만드는 단맛에 끌릴 수밖에 없었어요. 단맛 나는 음식을 쉽게 구할 수 있게 되자 단맛을 느끼는 유전자도 깨어나기 시작했어요.

단맛은 행복하군!

햄버거, 콜라, 치킨, 아이스크림, 도넛, 과자… 모두 설탕과 지방이 듬뿍 들어간 음식이에요. 달콤하거나 고소한 냄새까지 더해져 자기도 모르게 손이 가지요. 하지만 이런 음식에 손을 뻗을 때마다 내가 중독되고 있는 것은 아닌지 생각해 보아야 해요. 중독이 무서운 것은 점점 더 양을 늘려야 행복한 기분이 든다는 사실이에요.

내가 만일 심각한 비만인데도 햄버거와 콜라를 끊지 못하고 있다면, 인스턴트식품에 중독된 것은 아닌지 의사 선생님과 상담해 보세요. 만일 식욕 조절도 못 하느냐고 비난하는 사람이 있다면, 이 책을 추천해 주세요. 유전자에 대해선 알지 못한 채 가벼운 결심만으로 해로운 음식을 끊을 수 있다고 착각하고 있으니까요. 유전자 이상으로 생긴 문제는 마음만 먹어선 해결되지 않아요. 체계적인 치료를 받아야 한답니다.

세균도 물려받는다고?

우리는 태어나는 순간부터 엄마와 주변 환경으로부터 다양한 미생물을 만나기 시작해요. 특히 자연 분만, 수유, 피부 접촉 등을 통해 아기의 장속에는 초기 미생물들이 하나둘씩 자리 잡기 시작하지요. 부모님의 DNA뿐만 아니라 미생물도 물려받은 셈이지요. 그리고 자라면서 음식, 반려동물, 마시는 공기, 상처 등을 통해 수많은 세균이 우리 몸속으로 들어와요. 장속에 사는 세균 수는 측정 기술이 발달하면서 계속 바뀌고 있어요. 최근 연구에 따르면, 위와 장에 사는 미생물만 2천 종이 넘고, 이 미생물들이 가진 유전자는 약 2천만 개에 이른다고 해요. 내가 가진 유전자만 해도 2

만 개가 넘는데, 그보다 훨씬 많은 유전자가 세균을 통해 몸속으로 들어와 활동한다니 놀랍지 않나요? 이것은 내 몸에서 세균이 하는 역할이 그만큼 크다는 뜻이기도 해요.

세균은 어쩌면 제2의 유전자라고도 할 수 있어요.

특히 장에 사는 세균은 뇌에 영향을 주는 화학 물질을 만들어요. 예를 들어 세로토닌은 90%가 장에서 만들어져요. 주로 기분을 안정시키고, 수면이나 식욕을 조절하는 물질이지요. 이외에도 신경 세포의 흥분을 가라앉히는 가바도 만들고, 뇌에 보상받는 느낌을 주어 기분이 좋아지게 하는 도파민 생성에도 관여해요. 그 결과 세균은 우리의 기분과 감정에 간접적으로 영향을 끼치지요.

또 불안, 고통, 우울감 등을 조절하는 뇌의 활동에도 영향을 끼치기 때문에 우울증처럼 마음의 병이 생기게 할 수도 있어요. 과학자들은 이 사실을 증명하기 위해 우울증을 앓는 사람의 장에서 얻은 세균을 실험실 쥐의

장이 행복해야 모두가 행복한 법

장에 이식해 보았어요. 그 결과 실험실 쥐는 먹이도 제대로 먹지 않고 활동도 거의 하지 않는 우울증 증상을 보였다고 해요.

뿐만 아니라 이 세균들은 외부 침입자나 질병과 싸우는 면역 과정에도 관여해요. 과학자들은 장에 사는 세균이 얼마나 중요한지 알아내기 위해 쥐의 장에서 세균을 완전히 없애는 실험을 해 보았어요. 그 결과 이 쥐는 보통 쥐와는 다른 행동을 보였어요. 먹이를 제대로 먹지 않아 뼈만 앙상하게 남았고, 면역에 문제가 생겨 해로운 세균이나 바이러스에 쉽게 감염되었어요. 장에 사는 세균은 음식물을 소화해 비타민을 만드는 일을 해요. 따라서 세균이 없는 쥐는 소화도 잘 못 하고 비타민도 부족해 건강이 나빠질 수밖에 없었던 거예요.

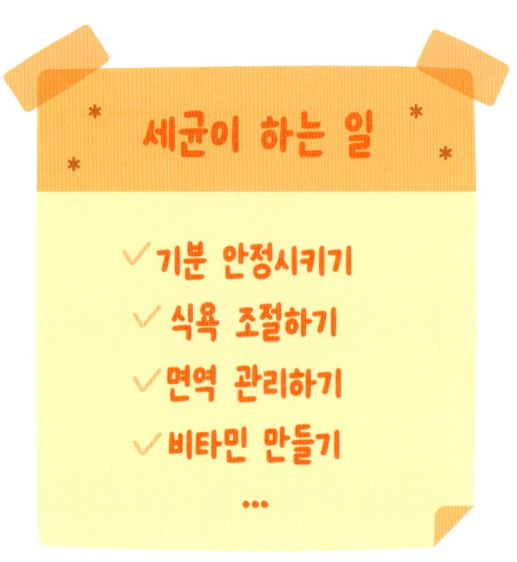

과학자들은 쥐를 대상으로 한 가지 더 흥미로운 실험을 했어요. 같은 사료를 주는데도 다른 쥐들보다 더 뚱뚱한 쥐의 장에 사는 세균을 관찰해 보았어요. 그 결과 이 세균에는 사료 속 탄수화물을 더 잘 소화시키는 유전자를 가지고 있었다고 해요. 뚱뚱한 생쥐는 이 세균들의 유전자 덕분에 같은 사료를 먹었는데도 다른 친구들보다 살이 쪄 비만이 된 거예요. 과학자들의 호기심은 여기에서 그치지 않았어요. 이번에는 비만 쥐의 세균을 마른 쥐에게 옮겨 보았어요. 어떻게 되었을까요? 놀랍게도 얼마 후 비만 쥐와 같은 체형으로 변하고 말았답니다.

장에 사는 세균은 자신이 살아가기에 좋은 음식을 먹도록 뇌에 영향을 끼칠 수 있어요.

만약 내 장에 정크 푸드를 좋아하는 세균이 살면, 이 세균은 뇌에 신호를 보내 나도 모르게 정크 푸드에 더 끌리도록 만들어요. 이것은 장내 미생물이 우리가 섭취하는 음식에 따라 다양하게 변화하며, 일부는 뇌 기능이나 식욕 조절에 영향을 주기 때문이에요. 예를 들어, 식이섬유를 많이 먹으면 이를 분해하는 유익균이 늘어나고, 이들이 만들어 내는 물질이 장 건강뿐 아니라 기분이나 식욕에도 영향을 줄 수 있어요. 하지만 식습관은 단지 세균뿐만 아니라, 우리의 뇌, 감정, 습관 등 다양한 요소들로부터 영향을 받아요.

　아주 오래전 인류는 채소나 과일에 든 식이 섬유를 하루에 20g 이상 먹으면서 살아왔어요. 그래서 소화와 관련된 유전자도 그에 맞게 설계되어 있지요. 하지만 현대인들은 대부분 정크 푸드와 가공식품을 많이 먹어 식이 섬유가 부족해요. 만일 채소를 많이 먹는 방향으로 식습관을 바꾸면 장에 사는 세균 종류가 바뀌어 식성도 바뀌게 될 거예요. 정크 푸드나 가공식품보다는 식이 섬유가 많은 채소나 과일에 더 끌리도록요. 이렇게 해서 식이 섬유가 많이 든 식단으로 되돌아가면, 소화와 관련된 우리의 유전자도 다시 힘을 얻어 활발히 활동하기 시작해요. 원래의 설계도에 맞는 음식을 먹기 시작했으니까요.

　장에 사는 세균과 관련해 또 한 가지 기쁜 소식이 있어요. 우리의 장에 살면서 섬유질을 먹어 치우는 세균이 비만을 막아 준다고 해요. 즉, 몸속에 필요없는 지방이 쌓이지 않도록 도와주는 것이지요. 식이 섬유를 먹는 과정에서 지방이 쌓이는 것을 막고 염증을 줄이는 물질을 만들기 때문이에요. 결국 우리가 채소나 과일을 많이 먹었을 때 건강하고 날씬해지는 이유는 우리 몸속에 사는 세균의 유전자 활동 때문인 셈이지요.

태교, 정말 효과가 있을까?

율곡 이이의 어머니인 신사임당은 태교를 중요시했어요. 뱃속에 율곡을 가졌을 때에는 바르지 못한 소리는 아예 듣지 않고 나쁜 말은 입에 담지 않았으며, 좋지 않은 것도 절대 보지 않았다고 해요.

태교란, 한자어 그대로 뜻풀이하면 아이가 엄마 뱃속에서 받는 교육을 뜻해요. 즉, 이 시기 동안 엄마가 경험하는 환경이 아이에겐 그만큼 중요하다는 의미이지요. 우리나라에선 전통적으로 태교 기간 동안엔 엄마의 행동, 먹는 음식, 옷차림 등을 특히 주의하라고 강조했어요.

현대 연구에 따르면, 보통 아기들은 엄마 뱃속에서 경험하는 환경을 자

신이 세상으로 나가 겪을 상황으로 느낀다고 해요. 즉, 엄마 뱃속에서 앞으로 살아갈 세상에 대한 정보를 수집하고, 그 정보에 어울리는 성격과 몸을 만들어 태어난다는 뜻이지요.

비만에 대한 연구 중에서도 태교의 중요성을 일깨워 준 사례가 있어요. 엄마가 임신 기간에 극심한 굶주림을 지속적으로 경험하면 태아의 유전자는 배고픈 세상에 태어나게 될 것을 대비한대요. 네덜란드 대기근 시기에 태어난 사람들을 연구한 결과, 이 사람들은 굶주림에 대비해 태아일 때부터 유전자가 작동하는 방식을 바꾸어 두었어요. 언제 또 음식을 먹을 수 있을지 모르니, 먹을 수 있을 때 많이 먹어 두는 '저장 모드'에 들어간 것이지요. 그 결과, 배부름을 잘 느끼지 않는 몸이 되었어요. 먹어도 먹어도 또 먹고 싶은 먹보 유전자가 일하게 된 거예요.

이처럼 외부 환경이 유전자의 작동 방식을 바꾸고, 그런 변화를 후손에게까지 물려주는 것을 '후성 유전학'이라고 해요.

DNA의 순서는 바뀌지 않았지만, 환경 변화에 따라 특정한 유전자에 '활동 중지 스티커'나 '활동 스티커'가 붙어 일어난 일이지요. 그리고 우리가 부모로부터 유전자를 물려받을 때에는 엄마와 아빠로부터 DNA뿐만 아니다, 그 유사사에 받은 스티커도 물려받는답니다. 다시 말해, 태아 시절 유전자의 작동 방식에 변화가 일어났다면, 그 아이가 자라 나중에 낳게 될 자녀에게도 영향을 미칠 수 있다는 뜻이에요.

현대인들은 태교를 미신으로 취급하기도 해요. 하지만 사실 그 영향은 아주 클 뿐만 아니라 손자나 증손자 같은 미래 세대에도 영향을 끼친다는 것을 과학 연구가 밝혀냈어요. 그런 의미에서 우리 선조들은 무척 지혜로운 분들이었어요. 엄마뿐만 아니라 아빠도 태교에 함께하라고 강조했거든요. 그래야만 엄마 뱃속의 태아에게 좋은 환경을 마련해 줄 수 있다고 생각했기 때문이에요. 옛사람들은 유전자에 대해선 전혀 알지 못했지만, 태아의 유전자가 완성되기까지 좋은 환경을 제공할 수 있도록 본능적으로 노력하고 있었던 거예요.

부록

염색체 수가 많거나 적으면?

엄마와 아빠가 자식에게 세포를 물려줄 때, 각각 절반씩 내어 준다고 했던 것 기억하나요? 이 일을 하기 위해 난자와 정자는 전체 염색체 46개 중 23개를 미리 덜어 내야 해요. 그런데 가끔 염색체 덜어 내기 작업에서 실수가 생기기도 해요. 한두 개를 착각해 염색체를 덜 덜어 내거나 더 덜어 내기 때문이에요. 만일 염색체가 1개를 덜 덜어 내 24개가 된 난자 혹은 정자가 정상적인 정자 혹은 난자와 결합해 수정란이 되면, 어떤 일이 생길까요? 자녀는 모두 47개의 염색체를 갖게 되어 건강에 문제가 생겨요.

가장 널리 알려진 경우는 21번 염색체가 3개일 경우 나타나는 다운 증후군이에요. 난자나 정자에서 염색체를 덜어 낼 때 21번 염색체를 제대로 덜어 내지 않아 생기는 일이지요. 다운 증후군 아이들은 성장 과정이 보통보다 느리고, 지적 장애를 갖기도 해요. 외모도 다운 증후군만의 특징을 띠어요. 둥글고 납작한 얼굴, 낮은 코, 미간이 먼

다운 증후군의 21번 염색체

눈, 작은 귀 등이지요. 이 아이들은 심장과 같은 내장 기관이 약해 오래 살기가 어렵다고 해요.

염색체 수가 보통 사람들보다 더 적은 경우도 있어요. 예를 들어, 터너 증후군을 앓는 사람은 모두 45개 염색체만 가지고 있어요. 수정란이 되기 전 정자나 난자에서 염색체를 덜어 내던 중 하나가 더 딸려 나가 22개만 남은 것이 원인이랍니다. 이때 딸려 나간 염색체는 성를 결정하는 X 염색체예요. 즉, 성염색체를 제대로 갖추지 않은 난자나 정자가 정상적인 정자나 난자와 결합해 수정란이 되면, 정상보다 1개 모자란 45개 염색체만 가지게 돼요.

터너 증후군은 X 염색체가 1개 부족한 여자에게서만 발견되는 증상이에요. 성염색체가 부족하다 보니 어른이 되어도 아이를 가질 수 없고, 다운 증후군처럼 심장이나 신장 같은 내장 기관이 약해요. 그런데 터너 증후군은 여자에게서만 나타나는 걸까요?

터너 증후군의 성염색체

정상적인 남자는 1개의 X 염색체와 1개의 Y 염색체를 갖고 있어요. 그런데 남성이 어떤 이유로든 X 염색체를 물려받지 못하면, Y 염색체만 1개 갖게 돼요. 이런 경우 터너 증후군을 부일 틈도 없이 수정란 상태에서 죽고 말아요. X 염색체에는 살아가는 데 꼭 필요한 필수 유전자들이 있는데 그것을 갖지 못했기 때문이에요. 즉, X 염색체가 부족하면 남자는 애초에 생명체로 태어날 수 없기 때문에 불완전하게나마 태어난 여자에게만 터너 증후군이 나타나는 거예요.

3장

특별한 유전자, 정말 존재할까?

#유전자가 미치는 영향

오늘의 틈새 코너

가장 특별한 유전자 선발 대회! 그 우승자는?

위기에서 살아남기 '생존 유전자'

짜릿한 게 좋아 '강심장 유전자'

위기에서 살아남기 생존 유전자

우리 몸에 두 명의 일꾼이 있다고 상상해 보세요. 한 명은 날쌘돌이고 또 한 명은 느림보예요. 이 두 명은 우리 몸을 안전하고 건강하게 지키기 위해 함께 일해요. 뇌에서 일일이 명령을 내리지 않아도 숨 쉬고, 소화시키고, 땀을 흘리는 것과 같은 일을 해요. 대수롭지 않아 보여도 하나라도 그만두면 생명이 위험해지지요.

날쌘돌이와 느림보는 성격이 달라도 너무 달라요. 날쌘돌이는 위험하거나 흥미진진한 일이 생기면 재빨리 행동에 나서요. 예를 들어, 격투기에서 상대방과 맞서 싸울 때나 위기 상황에서 탈출할 때 날쌘돌이가 나서요. 어려운 말로 교감 신경계가 활발해진다고 하지요. 날쌘돌이 유전자가 관리하는 대표 호르몬이 아드레날린이에요. 아드레날린은 심장을 빠르게 뛰게 해요. 근육으로 더 많은 혈액을 보내 달리거나 싸울 준비를 하기 위해서예요. 또, 눈을 크게 떠서 어디에서 누가 공격하려 드는지를 재빨리 알아차려요. 그 외에도 많은 산소를 들이마셔 싸움에 필요한 에너지를 더 만들고, 그런 에너

날쌘돌이 유전자

지금 싸움에만 쓰기 위해 음식물을 소화하는 것도 잠시 멈춰요.

날쌘돌이가 할 일을 마치고 우리 몸이 지쳐 있으면 이번엔 느림보가 나서요. 좀 어려운 말로 부교감 신경계가 활발해진다고 하지요. 느림보 유전자는 심장 박동을 늦추는 일을 해요. 천천히 깊게 숨을 쉬어 긴장을 풀게 하고, 위와 장이 활발히 움직여 소화가 잘되도록 해 줘요. 마지막으로 잠을 잘 자서 몸과 마음이 완전히 쉴 수 있도록 도와준답니다.

느림보 유전자

✦ 이 두 일꾼은 서로 반대 작용을 하면서 건강을 유지하도록 신경을 조절해요. ✧

그런데 교감·부교감 신경계 스위치가 고장 나면 문제가 생겨요. 날쌘돌이가 지나치게 활발해질 경우, 항상 적에게 쫓기는 것처럼 불안해하거나 싸움에 나선 것처럼 흥분하지요. 대표적으로 ADHD(주의력 결핍 과잉 행동 장애), 공황 장애, PTSD(외상 후 스트레스 장애) 등의 질환이 있어요. 반대로 느림보가 제때 일하지 않으면 몸이 긴장 상태에 갇히거나 피로와 우울에 잠겨요. 우울증, 불면증, 과민성 대장 증후군을 일으키지요.

사냥을 하거나 과일을 따 먹고 살았던 원시 시대에는 크게 흥분할 일이 드물었어요. 며칠에 한 번 사냥을 가거나 일 년에 한 번 이웃 부족과 싸움이라도 나야 조상들의 몸속에서 날쌘돌이가 나섰겠지요. 이때 날쌘돌이 유전자의 역할이 활발한 사람은 사냥도 잘하고 싸움도 잘해서 살아남기 유리했을 거예요. 날쌘돌이가 생존 유전자로서 중요한 역할을 해 온 것이지요. 사실 지금도 생존 유전자인 날쌘돌이가 발달한 사람들은 어떤 일을 하면 경쟁에서 지는 걸 싫어하기 때문에 성공하는 경우가 많아요. 그래서인지 날쌘돌이의 활약은 오래도록 이어져 현대를 사는 우리에게도 많은 영향을 끼치고 있어요.

날쌘돌이가 지나치게 활발해져 '초특급 생존 유전자'가 일하게 되면, 우리에겐 어떤 일이 벌어질까요? 날쌘돌이는 위기 상황에 대응하기 위한 유전자이기 때문에 우리 몸을 긴장 상태로 몰아넣어요. 물론 보통 주변이 평화롭고 안전하다는 생각이 들면, 이런 긴장 상태는 풀려요. 하지만 그렇지 않은 사람도 있어요. 바로 초특급 날쌘돌이, 즉 초특급 생존 유전자를 가진 사람들이지요. 이 사람들의 날쌘돌이는 시도 때도 없이 우리 몸을 향해 이렇게 외쳐요. "위험해! 조심하라구!"

사실 위험한 상황이 아닐 때도 늘 이렇게 다그치면, 몸에선 코르티솔이라 호르몬이 흘러넘치고 말아요. 호르몬은 우리 몸의 여러 부분에 신호를 보내는 알람 역할을 해요.

그 중에서도 코르티솔은 온몸에 '위기 경보'를 알리지요.

코르티솔이 위기 경보를 보내는 것은 교감 신경이 활발해졌다는 뜻이기도 해요. 앞에서 이야기했듯이 우리 몸의 교감 신경이 깨어나면, 싸울 준비를 하게 돼요. 소화나 면역 반응은 일시 중지되기 때문에, 음식을 먹으면 당연히 소화가 안 돼요. 병원에 가서 검사를 받아도 위장엔 이상이 없는데 늘 소화가 안 되는 사람들은 보통 스트레스 때문이라고 해요. 그런데 좀 더 정확히 말하자면, 날쌘돌이 유전자가 지나치게 활발하기 때문이라고 볼 수 있어요. 이 유전자는 늘 싸움 상태로 온몸을 긴장시켜 스트레스를 느끼도록 만들고, 소화 기능을 멈추게 하니까요.

어릴 때부터 끊임없이 경쟁하는 현대 사회에선 초특급 날쌘돌이 유전자가 우리를 향해 이렇게 외치기도 해요. "야, 야. 너 질 것 같아. 이번에 지면 바보 되는 거라구. 모두 널 무시하고 놀릴 거야." 초특급 날쌘돌이 유전자가 활발한 사람들은 다른 사람을 늘 신경 쓰고, 그들과 경쟁해 이기려고 해요. 그러는 사이에 몸은 항상 스트레스를 받는 처지에 놓여 괴로워요.

우리는 학교나 사회에서 다른 사람들과 많은 경쟁을 해요. 경쟁은 어떤 일에 최선을 다하도록 자극하기 때문에 긍정적인 결과를 만들기도 해요. 하지만 적절한 순간에 멈추어야만 우리의 몸과 마음이 모두 쉬어 갈 수 있어요. 그러려면 날쌘돌이 유전자가 지나치게 활발한 것은 아닌지 가끔씩 돌아볼 필요가 있어요.

평소 규칙적으로 운동하고, 잘 먹고, 잘 자는 사람은 스트레스에 강하기 때문에 날쌘돌이 유전자의 위기 경보도 잘 견뎌 낼 수 있어요. 만일 자신이 초특급 날쌘돌이 유전자를 타고난 것 같다면, 운동선수가 되는 것도 좋아요. 경기를 하면서 늘 경쟁에서 이겨야 하는 일상을 누구보다 잘 감당해 낼 수 있기 때문이에요. 심지어 이런 사람들은 경쟁 자체를 즐기기도 해요.

물만 먹었는데 살쪄요 비만 유전자

나는 얼굴이 동글동글하고 뺨이 통통해요. 딱 맞는 티셔츠를 입으면 배 부분이 둥글게 튀어나오고, 팔다리가 두툼하지요. 하지만 친구는 얼굴이 갸름하고 볼이 홀쭉해요. 팔다리는 가늘고 목 아래로 쇄골이 드러나 보여요. 내가 이 친구와 매일 같은 음식을 먹고 같은 운동을 한다면, 나도 친구처럼 날씬해질까요? 불가능한 건 아니지만, 체형을 바꾸는 건 아주 어려운 일이에요.

그런데 고도 비만이 아니라면, 다른 사람보다 몸무게가 더 나가는 것은 나쁜 일이 아니에요. 오히려 통통한 체형을 가진 사람들이 마른 체형을 가진 사람들보다 뼈가 더 튼튼하고 질병을 잘 이겨 낸다고 해요. 그래도 불공평하다고요? 왜 같은 양의 음식을 먹었는데 나만 살찌냐고요? 그럼, 지금부터 그 이유를 알아볼게요.

자동차를 예로 들어 볼게요. 같은 양의 연료로 달릴 수 있는 거리는 차종에 따라 달라져요. 즉, 어떤 설계도에 따라 만들어졌는지에 따라 달라지는 것이지요. 마찬가지로 우리 몸도 음식물을 소화시켜 얻은 영양분을 사용하는 방법이 설계도인 DNA에 따라 조금씩 달라요. 예를 들어, 통통한 사람들 대부분은 몸에 지방을 더 많이 저장하는 유전자를 가지고 있답니다. 만일 이런 유전자를 가진 사람이 음식을 지나치게 많이 먹고 운동을 하지 않는다면 비만이 될 가능성이 커요. 남들보다 많이 저장된 지방이 출렁출렁 뱃살로 그대로 남아 있으니까요.

✱ 다시 말해 엄마나 아빠로부터 물려받은 유전자에 나의 좋지 않은 습관이 더해져 뚱뚱해질 가능성이 크답니다.

그럼 내가 살찌기 쉬운 비만 유전자를 가지고 있는지 어떻게 알 수 있을까요? 일단 부모님 두 사람이 모두 비만이라면, 내게도 비만 유전자가 있을 가능성이 커요. 물론 부모님 중 한 사람만 비만이라면 나는 비만 유전자를 물려받지 않았을 수도 있어요. 그리고 부모님 두 사람이 모두 날씬하다면 내게는 비만 유전자가 없을 거예요.

하지만 아직 안심하긴 일러요. 비만 유전자를 가지고 있어도 음식을 조절하고 운동을 꾸준히 하면 살이 찌지 않으니까요. 아마 날씬한 부모님들 중에는 스스로의 노력으로 비만 유전자를 누르고 있는 경우도 있을 거예요.

사실 현대인들 대부분은 비만 유전자를 가졌다고 볼 수 있어요. 아주 오래전 조상님들 몸에선 지극히 정상 유전자였는데, 그것을 물려받은 우리 몸에선 비만의 원인으로 작용하는 유전자이지요. 그런데 정상적인 유전자가 어쩌다 비만 유전자로 변하게 된 것일까요? 사실 인간의 유전자는 수십만 년 동안 크게 변하지 않았어요.

다만 살아가는 환경이 너무도 많이 바뀌는 바람에 우리 몸이 혼란을 겪게 된 거예요.

아주 오래전 인간은 어렵게 사냥하고 과일을 따기 위해 힘들게 돌아다녀야 했어요. 먹는 양에 비해 움직임이 많았기 때문에, 한번 먹을 때 많이

먹어 두어야 다음번 사냥 때까지 버틸 수 있었어요. 특히 추운 겨울엔 사냥도 어렵고 과일도 딸 수 없기 때문에 아주 적은 양의 음식으로 살아남아야 했어요. 음식을 조금만 먹어도 지방으로 잘 저장하는 사람들이 살아남기 유리한 환경이었지요. 몸에 저장해 둔 지방을 영양분으로 쓸 수 있기 때문이에요.

서양인들의 조상 중에는 음식을 조금만 먹어도 지방이 잘 저장되도록 변이된 유전자를 가진 경우가 많았어요. 한마디로 말해 쉽게 살찌는 '비만 유전자'를 가지게 된 거예요. 이 사람들은 비만 유전자가 없는 사람들보다 더 많이 살아남아 오늘날까지 자신들의 유전자를 남기고 있어요. 덕분에 오늘날 서양인의 70~80%는 비만 유전자를 가지고 있다고 해요. 예를 들어, 미국인 10명 중 4명은 비만이지요. 한국인은 10명 중 1.7명이 비만으로, 미국에 비하면 적은 편이지만 꾸준히 늘어나는 추세예요.

하지만 동서양 어디에서든 현대인들은 조상들에 비해 훨씬 많이 먹으면서도 훨씬 덜 움직여요. 몸에 쉽게 저장된 지방이 쓰일 길이 없으니 몸무게만 점점 불어나요. 게다가 비만 유전자를 가진 사람들은 식욕이 강하고, 기름지고 단 음식을 좋아한다고 해요. 이런 음식을 먹어야 몸에 쉽게 지방이 저장된다는 것을 수천년 전부터 학습해 왔기 때문이에요.

사실 현대 사회는 비만 유전자가 일하기에 아주 좋은 환경이에요. 우리의 유전자는 몇 천 년 전 조상들이 물려준 그대로인데, 우리의 삶은 너무나 많이 바뀌었기 때문이지요. 이제는 먹을 것이 없어 며칠씩 굶주리지 않아요. 또 먹을 것을 구하려고 목숨 걸고 사냥하며 돌아다닐 필요도 없어요. 오히려 먹을 것이 남아돌아요. 게다가 배가 고프지도 않은데 그냥 기분이 좋아지기 위해 달콤한 디저트를 계속 먹어요. 그리고 이렇게 필요 이상으로 섭취한 영양분은 운동이나 활동을 통해 쓰이지 못하고 고스란히 지방으로 바뀌어 살이 찌고 말지요. 따라서 이젠 누구나 자신이 무엇을 먹고 얼마나 몸을 움직이는지에 대해 관심을 기울여야 해요. 그렇지 않으면 자자기도 모르는 사이에 비만이 되고 말 거예요.

짜릿한 게 좋아 **강심장 유전자**

우리 뇌는 공포, 기쁨, 슬픔 등 다양한 감정을 느끼게 만드는 수많은 스위치를 켰다가 끌 수 있는 기계와 비슷해요. 그런데 어떤 사람들은 이 기계가 특별하게 설계되어 있어 다른 사람들보다 두려움을 더 잘 느끼곤 해요.

앞에서 도파민은 맛있는 것을 먹거나 신나는 일을 할 때 뇌가 스스로에게 주는 보상이라고 했어요. 그런데 도파민과 관련된 몇몇 유전자들은 스릴이나 공포를 느끼는 일을 좋아하게 만들 수 있어요. 예를 들어 롤러코스터를 타거나 무서운 영화를 보면, 신나는 일을 하거나 맛있는 것을 먹을 때처럼 뇌에서 도파민이 샘솟아 기분이 좋아지지요. 이런 유전자가 활발한 사람들은 뇌에서 더 많은 도파민이 분비되길 원하지요. 그런데 도파민은 익숙한 자극에는 잘 분비되지 않기 때문에 점점 더 자극적인 놀이기구나 무서운 영화를 찾게 된답니다.

**인류 역사의 발전에는
공포와 스릴을 즐기는 유전자를 가진
사람들의 도움이 컸어요.**

물론 그때그때 유전자 검사를 해 본 것은 아니지만, 그들이 쌓은 업적을 통해 추측해 볼 수는 있어요. 예를 들어, 목숨을 걸고 위험한 항해에 나서 아메리카 대륙을 발견한 콜럼버스가 있어요. 또, 번개 치는 날 연 날리는 실험을 하다가 감전당할 뻔했지만, 번개가 전기임을 무사히 밝혀낸 벤저민 프랭클린도 있어요. 뿐만 아니에요. 인체의 신비를 밝히기 위해 한밤중에 공동묘지를 돌아다니며 해부용 시신을 구한 다빈치 등 수많은 사람들이 위험 속으로 용감히 뛰어들었어요. 때때로 목숨을 잃을 뻔한 위기를 무급쓰고 위대한 업적을 이루어 냈지요. 보통 사람이면 두려워 도망칠 만한 일이 오히려 이들에겐 도파민이라는 보상을 주는 하나의 도전과제로 다가왔던 거예요.

지금도 깊은 바닷속이나 우주처럼 알려지지 않은 곳을 탐험하거나 부당한 제도를 바꾸기 위해 위험을 감수하고 도전하는 사람들이 있어요. 모두 공포와 스릴을 즐기는 유전자를 가진 사람들일 가능성이 커요. 만일 지금 노력 중인 화성 탐험에 성공한다면, 아마도 이런 사람들이 가장 먼저 가서 살게 될 거예요. 위험한 4일간의 우주 비행 끝에 달에 최초의 발자국을 남긴 닐 암스트롱처럼 이 사람들도 화성에 인류 최초의 발자국을 남기겠지요. 그러면 나머지 사람들은 그제야 이 사람들의 뒤를 따르게 될 거예요. 위험을 즐기는 유전자를 가진 사람들이 목숨을 걸고 닦아 놓은 터전에 가서 살기 위해서요.

이처럼 위험을 즐기는 유전자를 가진 사람들은 문명을 발전시키기도 했지만, 개인적으로는 비참한 삶을 살기도 했어요. 특히 도파민과 관련된 DRD4 유전자에 변이를 가진 사람들은 스릴이나 공포를 느끼기 위해 새로운 일을 벌이다가 사회적인 비난을 받거나 크게 실패하기도 해요.

이런 유전자 변이를 가진 사람들의 뇌는 보통 사람들과 좀 달라요. 도파민이 보통 사람들보다 훨씬 더 많이 분비되어야만 이 사람들의 뇌는 보상받았다는 느낌을 받고 만족해요. 즉, 보통 사람들만큼 기분이 좋아지려면 더욱 더 강렬한 경험을 해야 하지요. 그러다 보니 항상 새롭고 자극적인 일을 찾아다녀요.

이런 성향이 긍정적인 방향으로 발휘되면, 앞에서 든 사례처럼 새로운 실험에 도전하거나 극지를 탐험하는 용기를 보여 줄 수 있어요. 하지만 부정적인 방향으로 풀리면, 도박이나 마약에 중독되기도 해요. 또 늘 새로운 자극을 원하기 때문에 한 사람의 배우자에게 충실하기도 어려워요. 가정을 깨트리고 배우자나 자녀가 고통을 받게 될 줄 알면서도 새로운 연애 상대를 찾아 나서지요. 새롭고 아슬아슬한 만남을 통해 도파민이 평평 샘솟으면 행복해지기 때문이에요.

만약 내가 DRD4 변이 유전자를 물려받은 것 같다면 어떻게 해야 할까요? 우선 축하드려요. 역사에 남을 모험에 뛰어들 자질을 물려받았으니까요. 그럼 도박이나 외도는 어떻게 하냐고요? 우리가 총알을 가졌다고 해서 아무때나 총을 쏘진 않는다는 사실만 기억하면 돼요. 즉, DRD4 변이 유전자란 총알을 가장 적절한 곳에 쏘기 위해 주의를 기울이면서 좋은 일에 도전해 보세요. 어느새 보통 사람들은 해내기 어려운 일에 성공해 있을 거예요.

함부로 건들지 마! 폭력 유전자

폭력은 주로 약한 자를 힘으로 괴롭히는 행동을 뜻해요. 폭력을 휘두르는 대부분의 사람들은 자신보다 강한 자에겐 덤비지 않아요. 자신이 피해를 입을까 봐 두렵기 때문이지요. 학교 폭력의 경우를 보면, 여러 명의 친구들이 자신보다 약해 보이는 친구를 괴롭혀요. 괴롭힘을 당해도 제대로 맞서지 못할 것 같은 친구를 폭력 대상으로 고르지요.

이처럼 자신보다 약한 친구를 괴롭히며 우월감을 느끼거나 돈이나 물건을 빼앗는 것은 동물에 가까운 행동이에요. 약육강식이란 말처럼 동물 세계에서는 강한 자가 약한 자를 잡아먹어요. 그래서 힘센 것이 약한 것에게 폭력을 휘두르는 게 자연스러운 일이지요. 동물의 행동을 지배하는 유전자는 언제든 폭력을 쓰도록 설계되어 있어요.

**하지만 인간은 달라요.
아무 때나 폭력을 휘두르면
사회 속에서 어울려 살아갈 수 없다는 것을
진화 과정에서 깨달았기 때문이에요.**

예를 들어, 심한 폭력을 휘두른 사람은 감옥에 가거나 이후에도 취업을 하기 어려워요. 아무리 인기 있는 아이돌이라 해도 학교 폭력을 저지른 과거가 드러나면 인기가 사그라들어요. 뿐만 아니라 더 이상 활동도 못 하게 되지요.

정상적인 유전자를 가진 인간은 폭력을 휘두르고 싶은 마음을 스스로 참을 줄 알아요. 하지만 몇몇 유전자가 제대로 작동하지 않으면 폭력 충동을 조절할 수 없게 돼요. 뇌의 활동에 문제가 생기기 때문이에요. 예를 들어 'GRB10 유전자'에 문제가 생기면 자신보다 힘센 자에게까지 폭력을 휘두르는 행동을 보이기도 해요. 지금부터 망가진 GRB10 유전자를 '무모한 용기 유전자'라고 부를게요.

힘 조절이 안 돼.

망가진 GRB10 유전자

보통 무모한 용기 유전자는 아빠에게 물려받은 부계 GRB10 유전자가 망가졌을 때 생겨요. 보통 엄마에게 물려받은 모계 GRB10 유전자는 우리 몸의 세포가 에너지를 사용해 성장하는 방식을 조절해요. 한편, 아빠가 물려준 GRB10 유전자는 뇌에서 두려움을 느끼는 부분과 관련이 있어요. 그래서 힘센 자를 두려워하고, 그에게 맞서지 않게 만들어요. 마치 집안에서 엄마와 아빠의 역할이 다르듯, 같은 유전자인데 모계인지 부계인지에 따라 하는 일이 달라져요.

사실 무모한 용기 유전자는 원래 '참으세요 유전자'였어요.

원시 시대부터 사람들은 사냥을 하거나 다른 부족과 싸울 일이 많았기 때문에 자신보다 힘센 것에 함부로 대들면 안 된다는 것을 부계 GRB10 유전자에 새기고 있었어요. 이 유전자가 활발해졌을 때, 함부로 폭력을 휘두르면 무리에서 쫓겨날 수도 있다는 것을 알기 때문에 우두머리에게 대들지 않고 복종하지요. 이런 현상은 새끼를 낳아 젖을 먹이며 무리 시어 사는 대부분 동물들에게서 발견돼요. 참으세요 유전자가 건강하면 무리의 우두머리를 잘 따르며, 함부로 폭력을 휘두르지 않아요.

쥐를 대상으로 실험한 결과, 참으세요 유전자가 무모한 용기 유전자로 변하는 과정을 관찰할 수 있었어요. 보통 아버지로부터 물려받은 참으세요 유전자에 '활동 중지 스티커'가 붙으면 무모한 용기를 발휘하게 돼요. 참으세요 유전자가 그동안 만들어 내던 특정한 난백질을 못 만들게 되었기 때문에 무모한 용기 유전자는 참을 줄 모르고 날뛰어요. 힘센 것에 두려움을 느끼고 조심할 줄 아는 뇌의 능력에 문제가 생긴 것이지요. 그 결과 쥐의 뇌에선 평소와 다른 신호가 나오고, 자신보다 큰 쥐에게 겁 없이 덤비는 일이 벌어져요. 고장 난 유전자가 만들어 낸 잘못된 신호가 자꾸만 '넌 저

덩치 큰 녀석을 이길 수 있어! 덤벼!'라고 부추기기 때문이에요.

영화에 나오는 폭력 조직이나 갱단을 떠올려 보세요. 대부분 남자로 이루어져 있지 않나요? 실제 2023년 통계 자료에 따르면 강력범 중 남자 수가 여자 수 보다 4배 이상 많아요. 왜 남자가 여자보다 폭력 범죄를 더 많이 저지르는 것일까요? 남자들에게만 전해지는 폭력 유전자라도 있는 걸까요? 우리는 분명 엄마와 아빠로부터 GRB10 유전자를 똑같이 물려받은 것 아니었나요?

폭력은 유전자보다는 남성 호르몬과 더 깊은 관계가 있어요. 우리의 뇌는 하나의 큰 집과 같아요. 이 집 안에는 용기의 방, 침착함의 방, 흥분의 방, 분노의 방 등 다양한 감정을 느끼고 조절해 행동하도록 명령을 내리는 방들이 있어요.

남성 호르몬 중 하나인 테스토스테론은 주로 공격의 방을 찾아가 불타는 투쟁심이나 커다란 두려움을 느끼도록 자극해요. 이 남성 호르몬이 공격의 방을 자극하면 강렬한 경쟁심은 물론이고, 적을 향한 분노를 느끼기도 합니다. 원시 시대에 남자들이 적이나 사나운 짐승과 용감하게 싸워 가족과 부족을 지키려면, 이 호르몬의 자극이 꼭 필요했어요. 만일 그렇지 않았다면 모두 겁을 먹고 도망가 가족이나 부족은 사라지고 말았을 거예요. 공동체가 제대로 유지될 수 없기 때문에 어쩌면 인류는 지금처럼 발전하기도 힘들었을 서예요.

남성 호르몬이 이처럼 우리에게 꼭 필요한 것이기는 하지만, 정도가 지나치면 사고를 일으키기도 해요. 특히 아빠로부터 물려받은 '참으세요 유전자'에 활동 중지 스티커가 붙으면, 힘센 자와도 함부로 싸우려 들게 돼요. 유전자가 고장 나 활동이 중지되면 남성 호르몬은 미쳐 날뛰어요. 그동안 '참으세요'라고 속삭이며, 자신을 억누르던 경찰이 사라졌기 때문이에요.

게다가 남자는 X 염색체가 하나밖에 없어서 쉽게 폭력성을 띠기도 해요. 2014년 핀란드 수감자 900명 중 폭력을 휘둘러 잡혀 온 사람들을 대

상으로 유전자 연구가 이루어졌어요. 그 결과 'MAOA 유전자'에 변이가 일어나면 뇌 속 공포의 방이 자극받아 다른 사람을 공격하게 된다고 해요. 두려움을 느끼는 순간 상대방을 공격하는 것은 자신이 살아남기 위한 반응이에요.

MAOA 유전자에 변이가 있는 몇몇 남자는 감정을 조절하거나 충동을 억제하는 데 어려움을 겪을 수 있어요. 그래서 때때로 분노나 불안 같은 감정을 지나치게 드러내기도 하지요. 이 유전자는 X 염색체에 있어요. 그 결과 X 염색체가 하나뿐인 남자는 이 유전자에 문제가 생기면 그 영향을 직접적으로 받을 가능성이 높아요. 하지만 여자는 X 염색체가 둘이기 때문에, 한쪽에 문제가 있더라도 다른 쪽이 대신 작동해 그런 영향을 덜 받을 수 있어요.

물론 이 유전자에 변이가 있는 남자라고 해서 모두 공격적이거나 범죄를 저지르는 것은 아니에요. 연구 결과에 따르면, 유전자에 변이가 있는 사람들 중 어린 시절에 심각한 폭력이나 괴롭힘을 당했을 경우 공격적인 사람이 될 가능성이 높다고 해요. 아무래도 주변 환경이 주는 스트레스가 조용히 잠자던 유전자를 깨워 활동하게 만든 것 같아요.

우리가 기억해야 할 것은 문제 유전자라 해도 깨어나서 활동하지 않으면 괜찮다는 사실이에요. 따라서 평소 스트레스를 줄이거나 유전자에 '활동

쭝지 스티커'가 낱시 잆노록 하는 빙법을 읻아 둠 편요가 있어요. 이에 내 해선 뒤에서 좀 더 자세히 살펴볼 거예요.

백 살도 거뜬한 장수 유전자

담배를 피우면 몸에 해롭다는 것은 누구나 알고 있어요. 심지어 내가 피우지 않고 다른 사람이 피우는 연기를 마시는 간접흡연만으로도 건강을 해칠 수 있어요. 그런데 평생 담배를 피우면서도 백 살도 넘게 사는 사람들이 가끔 있어요. 마치 양치질을 게을리해도 충치가 잘 생기지 않는 사람이 있는 것처럼요. 어떻게 이런 일이 일어날 수 있을까요? 아마도 자신의 건강과 관련해 좋은 유전자를 물려받은 사람들일 가능성이 커요.

이런 사람들은 DNA에 '초강력 갑옷 유전자'를 가지고 있어요.

마치 게임 캐릭터가 보호막을 몇 개 더 가지고 있어 총탄이나 화살을 튕겨 내는 것과 같지요. 다시 말해 유전자의 작용으로 흡연이나 충치로 인한 나쁜 영향을 더 잘 막아 낼 수 있게 된 거예요.

예를 들어 이런 사람들은 상처를 더 빨리 회복하는 유전자를 가졌을 수도 있어요. 원래 우리 몸에는 스스로 회복하는 자연 치유 능력이 있어요.

그래서 감기 같은 가벼운 질병은 약을 먹지 않아도 저절로 낫고, 웬만한 기생충, 세균, 바이러스도 면역 세포들이 알아서 죽여요. 하지만 질병이 심해지거나 기생충, 세균, 바이러스의 공격이 심해지면 더 이상 스스로 치유하기 어려워요. 결국 병원에 가서 치료를 받아야 하지요. 그런데 담배를 피우면서도 백 살까지 살거나 양치질을 게을리해도 충치가 잘 생기지 않는 사람들은 좀 달라요. 몸에 생기는 크고 작은 문제를 끊임없이 해결해 주는 특별한 초강력 갑옷 유전자를 가지고 있기 때문이에요.

이 특별한 유전자는 몸에 들어온 독소를 제거하는 간이나 폐를 강하게 만드는 것일 수도 있어요. 강력한 진공청소기가 먼지를 빨아들이듯 간이나 폐기 나쁜 물질을 빨아들이 살 처리할 수 있게 하시오.

보통 사람들이 초강력 갑옷 유전자를 가진 사람들을 따라하면 어떻게 될까요? 10분 넘게 잠수할 수 있는 사람을 보고, 나도 할 수 있을 것 같아 물속에서 나오지 않고 버티는 것과 같을 거예요. 정말 그렇게 했다가는 물속에서 영원히 나오지 못할 수도 있어요. 산소 부족으로 기절한 뒤 저세상 사람이 되었을 테니까요.

그런데 유전자는 아니지만 노화를 늦춰 주는 특별한 부분이 우리의 DNA에 있어요. 나이가 들어 노화가 시작되면, 온몸의 세포들은 기능이 떨어져요. 많은 세포들이 더 이상 자기와 똑같은 새로운 세포를 만들어 분열하지 못하고 죽음에 이르게 되지요. 그에 따라 우리 몸도 조금씩 죽어 가고요. 그 결과 피부가 쭈글쭈글해지고, 당뇨병, 심장병, 암, 치매가 찾아오는 것이랍니다. 마침내 심장이 멎고 뇌세포까지 죽으면 온몸의 세포들은 활동을 멈추고 마침내 영원한 잠에 들어요.

만일 우리 몸의 대부분 세포들이 계속 건강한 세포로 분열하고, 지나치게 오래된 세포들은 저절로 사라지면 얼마나 좋을까요? 아마 우리는 영원히 죽지 않고 살 수 있을지도 몰라요. 피부는 늘 주름 없이 팽팽할 것이고 상처 난 장기들도 곧 재생될 테니까요.

2009년 노벨 생리·의학상을 받은 엘리자베스 블랙번은 우리의 DNA에

서 신기한 것을 발견했어요. 바로 23쌍 염색체들의 끝부분을 감싸고 있는 텔로미어예요. 엘리자베스 블랙번은 텔로미어의 역할을 신발 끈 끝에 달린 보호 플라스틱 캡과 같다고 했어요.

DNA가 신발 끈이면 텔로미어는 신발 끈 끝이 닳지 않게 하는 것처럼 DNA를 보호해 주지요. 그런데 시간이 흐르면 신발 끈의 플라스틱 끝부분이 조금씩 닳다가 마침내 신발 끈도 닳기 시작해요. 그리고 더 오랜 시간이 흐르면 신발 끈은 아주 너덜너덜해지고 말아요.

마찬가지로 우리 몸의 세포들이 분열할 때마다 비슷한 일이 일어나요. DNA 덩어리인 염색체 23쌍마다 끝부분에 있는 텔로미어가 조금씩 닳아요. 시간이 흘러 나이가 들수록 텔로미어는 점점 짧아지다 결국 제 기능을 하지 못하게 돼요.

* **텔로미어가 닳으면 염색체가 손상되고, DNA를 만들어 낼 때 오류가 생기면 돌연변이가 나타날 확률이 높아져요.**

이 돌연변이가 쌓이고 쌓이면 암세포가 되기도 해요. 그래서 세포는 텔로미어가 완전히 닳아 버리면 더 이상 분열을 멈추고 스스로 죽음에 이르는 길을 택해요. 해로운 돌연변이가 일어나 암세포가 되기 전에 스스로 분해되어 사라지는 거예요. 이렇게 텔로미어를 잃고 스스로 죽는 세포들이 늘어날수록 우리 몸은 늙어 가요.

만일 부모님으로부터 더 긴 텔로미어를 물려받았다면 더 오랫동안 더 건강한 몸을 유지할 수 있어요. 마치 신발 끈의 보호 캡이 튼튼하면, 신발 끈을 더 오래 사용할 수 있는 것처럼요. 하지만 아무리 튼튼한 캡이 붙어 있어도, 신발을 깨끗하게 신지 않고 잘 관리하지 않으면 신발 끈은 곧 닳고 말아요. 또 캡 부분이 좀 약해도 잘 관리한다면 신발 끈이 닳지 않은 상태로 오랫동안 신을 수 있어요.

✦ 텔로미어를 잘 보호하려면 어떻게 해야 할까요?

엘리자베스 블랙번은 잘 먹고, 꾸준히 운동하고, 심한 스트레스를 피해야 한다고 했어요. 이런 좋은 생활 습관을 가지면 내 DNA의 텔로미어가 짧다 해도 닳아 없어지는 속도를 늦추어 건강한 세포를 유지할 수 있답니다. 또 세포가 건강하면 장수할 수 있으니, 장수에는 유전자만큼이나 생활 습관이 중요하다는 사실을 잊지 말아야겠어요.

절대 못 끊겠어! 중독 유전자

우리는 왜 마약이나 알코올 같은 특정 화학 물질에 중독되는 것일까요? 많은 사람들이 건강을 해치고 사회생활을 제대로 못 하게 되는데도 중독을 끊지 못하는 이유는 무엇일까요?

보통 중독되어 빠져나오기 어려운 것들은 뇌를 자극해요. 그리고 도파민이라는 물질이 뿜뿜 솟아나게 만들지요. 도파민은 주로 맛있는 것을 먹거나 좋아하는 사람을 만날 때 뿜뿜 솟아나 기분이 좋아지게 만드는 물질이에요. 달콤한 사탕을 먹거나 게임을 하거나 시험에서 높은 점수를 받을 때에도 나오지요. 이때 도파민은 뇌 속의 신경 세포 사이를 오가며, '너무너무 행복해!'라고 외친답니다. 바로 이때가 우리가 행복하다고 느끼며 저절로 미소 짓게 되는 순간이지요.

우리는 누구나 도파민이 뿜어져 나와 행복을 느꼈던 순간을 다시 경험하고 싶어 하기 마련이에요. 자꾸만 맛있는 음식을 먹고 싶고, 좋아하는 여자 친구나 남자 친구의 얼굴을 자꾸만 보고 싶어 하지요. 특히 연인을 만날 때 도파민이 나오면 마음이 따뜻하고 포근해져 구름 위를 나는 듯한 기분이 들어요.

그런데 마약이나 알코올 같은 물질은 갑자기 많은 양의 도파민이 뿜어져 나오게 만들어요. 맛있는 음식이나 좋아하는 사람을 만나는 것 같은 자연스러운 활동을 할 때보다 훨씬 많은 양이 한꺼번에 쏟아져 나오지요. 그러면 순식간에 흥분에 빠진 뇌는 이 특별한 물질을 기억하기 시작해요. 그리고 더 큰 행복을 느끼기 위해 이것을 자꾸만 찾고, 그동안 행복하게 해 주던 다른 것들에 대해선 아무런 느낌도 받을 수 없게 돼요. 오직 마약이나 알코올만 찾는 심한 중독이 시작되었기 때문이지요.

과학자들은 사람이 어떻게 마약이나 알코올 같은 특성 화학 물질에 중독되는지 알아내기 위해 한 가지 실험을 했어요. 물론 사람 대신 실험실 쥐를 대상으로 했지만요.

우선 쥐가 한쪽 버튼을 누르면 약간의 먹이를 얻을 수 있고, 다른 한쪽 버튼을 누르면 코카인을 먹을 수 있도록 했어요. 코카인은 코카나무 잎에서 나오는 강력한 마약이에요. 손가락으로 살짝 찍어 먹어도 잇몸의 감각이 마비될 정도로 독하다고 해요. 19세기까지만 해도 사람들은 코카인을 마취약이나 우울증 치료제로 쓰기도 했어요. 효과가 워낙 강력했기 때문에 중독의 위험에 대해선 미처 생각하지 못했어요.

처음에 쥐는 양쪽 버튼을 모두 누르고 한 쪽에서는 음식을, 다른 쪽에서는 코카인을 얻었어요. 하지만 곧 코카인 쪽 버튼만 계속해서 누르기 시작했지요. 코카인을 통해 얻는 느낌이 너무 좋아 먹을 것에도 관심을 잃어버린 거예요. 굶어 죽을 지경이 되는 것도 모르고, 코카인에 매달리는 모습은 중독이 얼마나 무서운지를 잘 보여 주었어요.

중독에 빠졌을 우리 뇌는 이미 큰 변화를 맞은 상태예요. 코카인 때문에 도파민을 조절해 주는 물질들이 제대로 작동하지 못하고, 뇌의 보상 시스템이 완전히 무너졌지요. 마약은 끊어 내는 것도 무척 어렵지만, 설령 끊는다 해도 이미 균형이 깨진 뇌는 불안과 우울, 무기력감에 시달릴 수밖에 없어요. 반드시 병원을 찾아가 치료를 받아야 한답니다.

이처럼 심각한 중독은 대부분 도파민을 제대로 조절하지 못해서 생겨나요. 그런데 유전적으로 도파민을 잘 조절하지 못하는 사람들도 있어요. 도 도파민을 만들어 내거나 전달하는 부분과 관련된 유전자에 변이가 생긴 것이지요. 예를 들어 알코올 섭취와 관련해 돌연변이 유전자를 가진 사람들이 있어요. 이 사람들은 알코올에 민감하게 반응해 술을 마셨을 때 더 많은 도파민을 만들어 내요. 알코올이 들어오면 뇌에서 금방 도파민을 만들어 내므로, 술을 마시면 행복해진다고 기억하게 되지요. 자극적이고 일시적인 도파민을 느끼기 위해 더 자주 더 많이 술을 마시다가 중독에 빠지고 말아요.

또, 뇌 속에서 도파민을 만드는 부분이 아니라 느끼는 부분과 관련된 유전자 변이도 있어요. 예를 들어 아주 많은 양의 도파민이 있어도 잘 느끼지 못하다가 술을 마시고 도파민이 넘쳐 나면 그제야 겨우 '행복해!' 하고 외치지요. 그 결과 기분이 좋아지기 위해 지나치게 술을 많이 마시다가 자연스럽게 중독이 돼요.

알코올에는 진정 효과가 있어 마음을 편안하게 해 주고 행복을 느끼게 해 줘요. 그래서 술을 그만 마셔야 하는 것을 알면서도 행복을 느낄 때까지 마시게 되는 거예요.

✦ **그런데 도파민은 자극에 익숙해지면 처음만큼의 양이 만들어지지 않아요.**

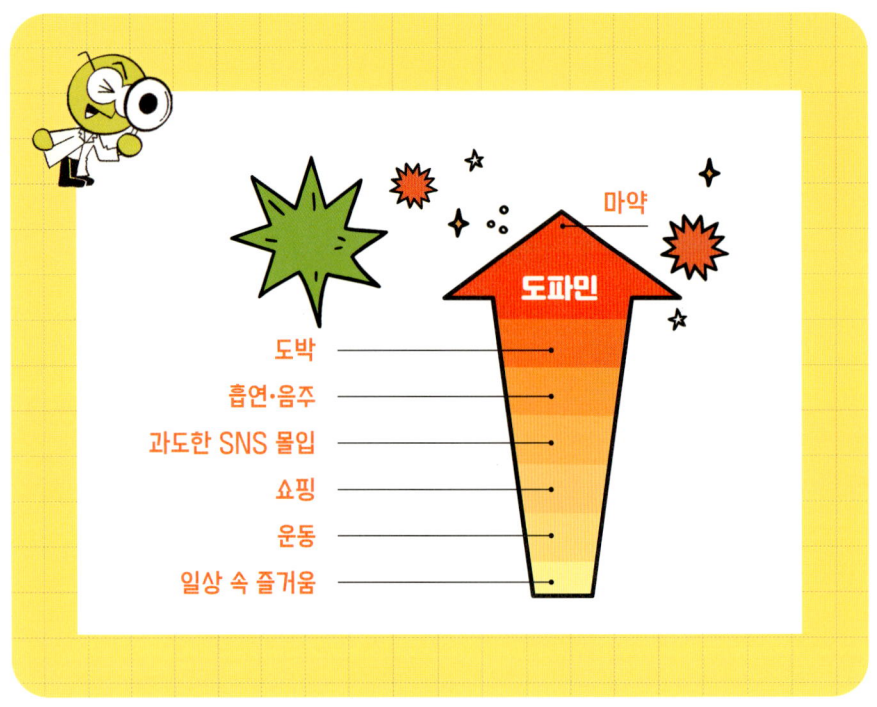

그보다 더 큰 자극을 주어야 더 많은 양을 분비하지요. 방심한 사이 술을 마시는 횟수와 양이 늘어나게 되는 이유랍니다.

마약이든 게임이든 술이든 행복을 느끼게 하는 대부분 행동은 도파민을 만들어요. 또 처음과 같은 수준으로 도파민을 만들어 행복을 느끼려면 점점 더 강도를 높여야 해요. 중독의 가속도는 사람마다 다르지만, 도파민 보상 시스템이 남들보다 예민하다면 중독 대상이 주는 효력이 더 빨리 떨어질 수 있어요. 이를 내성이 생겼다고 말해요. 차라리 밥을 굶어도 술을 사 먹고 싶은 생각이 든다거나 다른 사람의 돈을 빼앗아서라도 도박, 마약,

게임에 손대고 싶어지면 이미 심각한 상태예요. 치료를 받지 않으면 스스로 중독을 벗어나기 어렵게 된 것이지요.

　나의 도파민 시스템이 중독에 취약한지 아닌지 알고 싶으면, 검사를 받는 것도 좋지만 우선 부모님과 조부모님을 살펴보세요. 물론 부모님과 조부모님이 건전한 생활을 하시면, 중독에 약한 유전자는 겉으로 드러나지 않을 수도 있어요. 사실 누구나 살아가는 데 불리한 유전자를 한두 개 정도는 물려받을 수 있어요. 하지만 환경과 습관을 건강하게 유지하면 그것이 드러나지 않게 잘 살아갈 수 있답니다. 따라서 내가 어떤 유전자를 가지고 있든 중독이 될 만한 것은 처음부터 멀리하는 게 삶의 지혜랍니다.

부록

유전자 가위 이야기

어느 날 과학자들은 세균의 DNA를 관찰하다가 신기한 것을 발견했어요. 유전자 역할을 하지 않는 부분에 일정한 순서로 반복해서 배열되는 염기(A, G, T, C)들이 있었어요. 처음에는 아무런 의미가 없는 정크 DNA일 거라고 생각했지요. 하지만 무언가 수상하다고 여긴 과학자들이 결국 이 부분의 비밀을 알아냈어요.

수상하게 반복되던 염기들은 자신을 감염시킨 바이러스의 DNA 조각에 대한 정보를 저장해 놓은 것이었어요. 나중에 바이러스가 침입하면 저장해 놓은 정보를 수배 전단처럼 사용하기 위해서였지요. 바이러스의 DNA에서 수배 전단에 저장된 정보와 똑같은 것이 발견되면 세균의 면역 기능은 바이러스를 바로 처벌하기 시작한답니다.

바이러스를 무력화하기 위해 특수한 단백질이 출동해요. 수배 전단에 저장된 정보와 똑같은 DNA를 잘라 내기 위해서이지요. DNA가 잘려 나간 바이러스는 힘을 잃고, 더 이상 우리 몸을 감염시킬 수 없게 돼요. 과학자들은 또 생각했어요. '잠깐만, 다른 생물의 DNA도 이런 방법으로 자를 수 있지 않을까? 인간의 DNA에서 잘못된 부분이 있

'나면 이 방법으로 살다 내년 어떨까?' 과연 이런 상상은 어떻게 되었을까요? 결론부터 말씀드리자면, 모두 현실이 되었답니다.

과학자들은 세균이 바이러스의 DNA를 저장했다가 잘라 내는 방법으로 유전자 가위를 만들었어요. 또 잘라 낸 부위에 새로운 유전자를 삽입하는 방법도 연구했어요. 스스로 DNA를 복구하는 과정을 이용하면 원하는 유전자를 넣을 수도 있지요. 유전자를 자르고 붙일 수 있는 이 기술은 현재 희귀병이나 난치병 치료에 활용될 가능성이 높아 큰 주목을 받고 있어요.

상처가 났을 때

정상   혈우병

유전자 가위 기술로 치료법을 개발 중인 질병에는 혈우병이 있어요. 혈우병은 피를 굳히는 단백질 생산 유전자의 돌연변이 때문에 주로 생겨요. 혈우병 환자는 피가 굳지 않으니까 출혈이 잘 멈추지 않아 작은 상처라도 조심해야 해요. 심지어 몸 안에서 출혈이 시작되어 멈추지 않는 경우도 있어요. 만일 관절이나 근육에서 출혈이 시작되면, 붓고 아프기 때문에 몸을 움직이기 힘들어져요. 그런데 정말 위험한 것은 위장이나 뇌에서 출혈이 시작되는 것이에요. 자칫하면 생명이 위험해질 수도 있지요.

　현재 과학자들은 환자의 세포에서 혈우병을 일으키는 유전자를 잘라 내고 수정된 유전자를 끼워 넣는 방법을 알아냈어요. 이렇게 치료된 세포는 피를 굳히는 단백질을 제대로 만들 수 있게 된답니다. 환자의 몸에 이런 정상 세포들이 많아지도록 만들면 혈우병은 치료될 수 있어요. 아직은 실험 단계이지만, 이 방법이 성공하면 특별히 다른 약을 먹거나 수혈을 받지 않고 건강한 유전자를 넣어 주는 것만으로도 혈우병은 크게 호전될 수 있답니다.

　유전자 가위를 이용해 인간 세포의 돌연변이를 정밀하게 교정하는 것뿐만 아니라, 멸종 위기 동물의 유전자를 복원하는 연구까지 진행되고 있어요. 이제 과학자들은 유전자 가위를 더욱 정교하게 다듬어, 원하는 위치에서 실수 없이 DNA를 편집하는 기술을 개발하고 있지요.

유전자 가위 기술

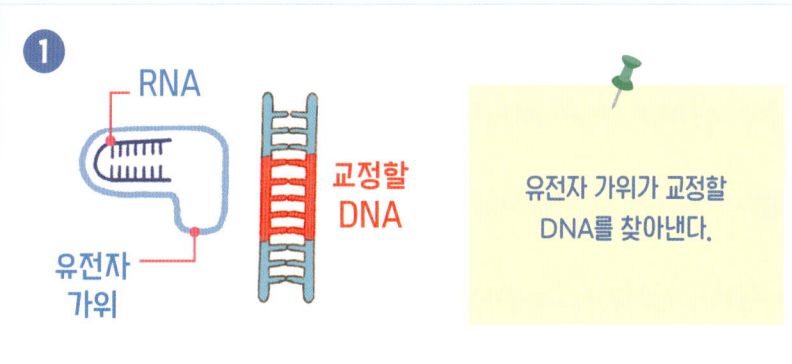

유전자 가위가 교정할 DNA를 찾아낸다.

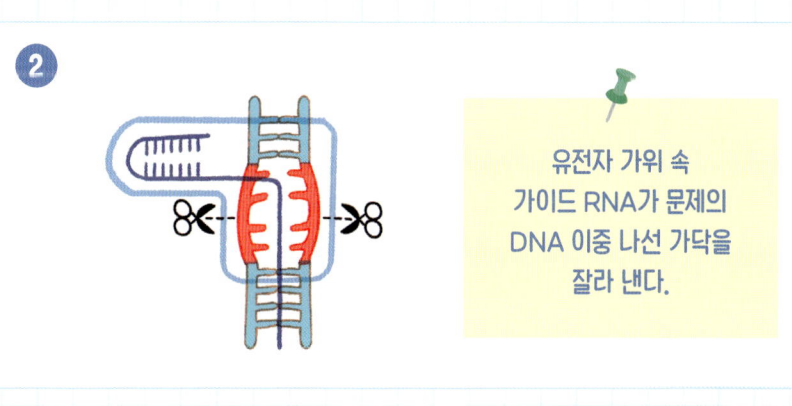

유전자 가위 속 가이드 RNA가 문제의 DNA 이중 나선 가닥을 잘라 낸다.

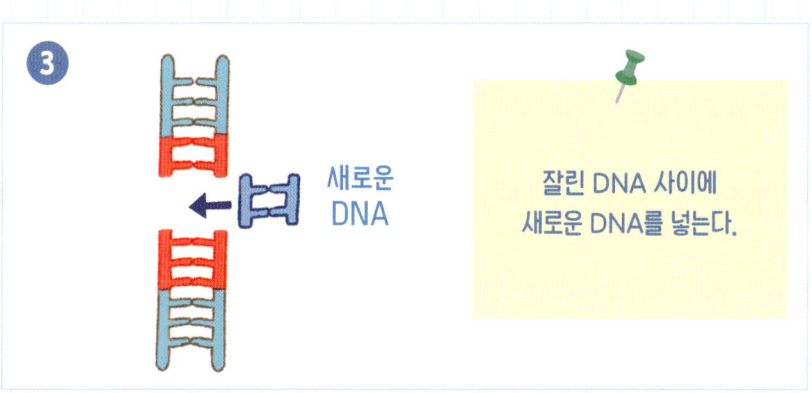

잘린 DNA 사이에 새로운 DNA를 넣는다.

4장

진화는 진행 중

#유전자와 진화
#돌연변이와 바이러스

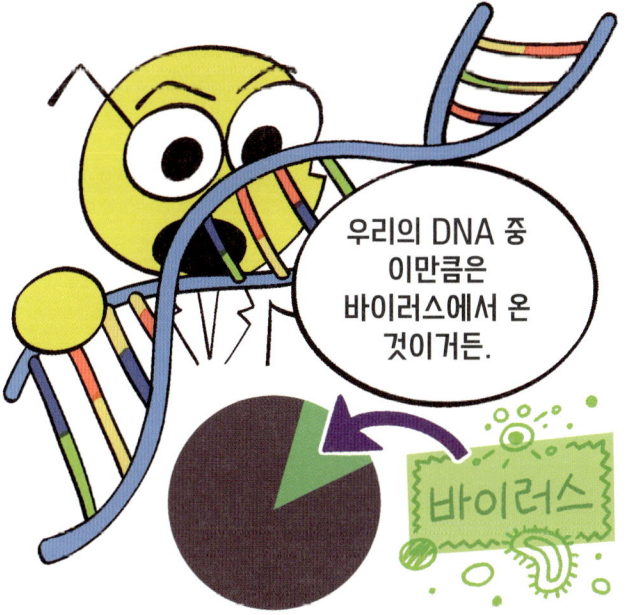

유전자도 진화할까?

혹시 우유만 마시면 뱃속이 꾸르륵 불편하지 않나요? 심지어 우유가 들어간 음식만 먹어도 화장실로 달려가고 싶지는 않나요? 우리는 모두 엄마 젖이나 분유를 먹고 자랐어요. 어린 시절엔 대부분 우유를 소화시키는 데 아무런 문제가 없었지요. 하지만 어느 순간부터 우유를 먹으면 뱃속이 불편해지기 시작해요. 스무 살이 넘어 어른이 되면, 우유를 아예 마시지 못하는 사람들이 많아지지요.

이런 사람들은 장이 약해서 그런 것일까요? 다른 음식을 잘 소화시키는 것을 보면 그런 것 같지는 않아요. 사실 문제의 원인은 유전자에 있어요. 우리의 유전자는 대부분 어른이 되면, 우유를 소화시키지 못하도록 설계되어 있답니다.

엄마 젖이나 우유에는 '젖당'이라는 물질이 들어 있어요. 우유를 먹고 자라는 아기일 때는 몸에서 젖당을 소화시키는 효소가 나와요. 하지만 이유식을 먹기 시작하면, 몇몇 유전자들이 지시를 내려요. '젖당 소화 효소 생산 중단!'이라고요. 그러면 효소가 점점 줄어들다가 나중에는 거의 나오지 않게 돼요. 인간뿐만 아니라 개나 고양이처럼 어미젖을 먹고 자라는 모든 포유류는 이런 현상을 겪지요. 몸에서 필요 없는 효소를 만드느라 에너지를 낭비하지 않기 위해서예요.

그런네 젖당 분해 효소가 없다고 해서 우유를 완전히 소화시키지 못하는 것은 아니에요. 소화 기관 속에 사는 세균이 젖당을 먹어 치우며 대신 분해해 주지요. 그런데 이 세균들의 식사 과정이 좀 요란해서 장을 자극해요. 그러면 장 벽을 이루는 세포들이 자극에 반응하며, 세포 속에 있던 물을 장 속으로 흘려보내요. 이때부터 장에는 가스가 차고 물이 출렁이며 부글거려요. 이런 증상이 심한 사람들은 우유뿐만 아니라 달콤한 밀크셰이크나 아이스크림도 먹지 못해요. 잠시 후 배가 싸르르 아프면서 어서 화장실로 달려가라는 신호가 오기 때문이에요.

인류는 30만 년 전쯤 지구상에 나타났고, 1만 년 전쯤부터 아시아 사람들은 벼농사를 지어 주로 쌀을 먹기 시작했어요. 한편, 일부 유럽 사람들은 가축을 키우기 시작했고, 가축의 고기와 함께 소나 양의 젖을 짜서 먹기 시작했어요. 특히 소젖, 즉 우유는 양도 많을 뿐만 아니라, 맛도 좋고 영양도 풍부해 인기 식품이 되었지요.

물론 이 사람들도 처음엔 우유를 먹고 바로 화장실로 달려가는 불편함을 겪었을 거예요. 인간의 DNA는 성인이 되면 젖당 분해 효소를 만들지 않도록 설계되어 있으니까요. 그런데 몇몇 사람들의 유전자에서 변이가 일어났어요. 성인이 되어서도 젖당을 분해할 수 있도록 효소를 만들어 내기 시작한 거예요. 원체 우유를 즐겨 먹다 보니, 이에 적응한 유전자가 나타난 것이지요. 당연히 이런 유전자를 가진 사람들은 우유를 잘 마셔 영양 상태가 좋아졌고, 그렇지 못한 사람들보다 더욱 번성해 많은 후손을 남기게 되었어요. 그 결과 대부분의 유럽인들은 어른인데도 젖당 분해 효소가 나오는 특이한 유전자를 갖게 되었지요. 지금도 북유럽 사람들은 90% 이상이 아기 때를 지나도 변함없이 우유를 잘 마실 수 있어요. 그런 의미에서 어른이 되어도 우유를 마실 수 있는 사람들은 환경에 맞춰 새로운 능력을 진화시킨 사람들이라고 볼 수 있지요.

우유뿐만 아니라 알코올의 소화와 관련해서도 유전자 변이가 있었어요. 이번에는 쌀농사를 주로 짓는 사람들의 유전자에서 일어난 변화였어요. 이 변화 때문에 쌀이나 보리 같은 곡물을 발효시켜 만든 알코올 음료, 즉 술을 소화 시키는 과정에 문제가 생겼어요. 가축을 키우는 사람들은 우유를 더 잘 소화시키는 방향으로 유전자 변이가 있었지만, 쌀농사를 짓는 사람들은 오히려 반대였어요. 유전자 변이로 술을 예전보다 잘 소화시키지 못하게 되었거든요.

술에 든 알코올은 다른 음식물과 달리 뇌로 직접 침투해 도파민이 나오게 만들어요.

처음엔 술을 조금만 마셔도 금방 도파민이 나와 기분이 행복해지고 평

안애서요. 하지만 나중에는 같은 기분을 느끼기 위해 점점 더 많은 술을 마셔야 해요. 술을 반복해서 마시면 뇌는 알코올에 익숙해져 예전처럼 도파민을 내보내지 않기 때문이에요. 즉 같은 양의 술을 마셔도 예전보다 행복한 느낌이 덜하기 때문에, 점점 더 많은 술을 찾게 돼요. 그러다가 지나치게 많이 마시게 되면 알코올이 거침없이 뇌 속으로 쏟아져 들어오지요. 뇌는 갑작스럽게 많아진 알코올을 감당하지 못하고 흥분하기 시작해, 다른 일을 하기 위한 명령을 제대로 내리지 못하게 돼요. 이런 경우를 가리켜 우리는 '술에 취했다'라고 하지요. 술에 취하면 사람들은 판단력을 잃고, 큰 소리를 지르며 다른 사람을 때리기도 해요. 그리고 술에서 깨면 자신이 무슨 짓을 저질렀는지 기억하지 못하지요. 술에 취한 동안 뇌가 제대로 작동하지 않았기 때문이에요.

인류는 이미 오랜 옛날부터 술에 취하면 위험해질 수 있다는 사실을 깨달았어요. 그래서 술을 마실 때에는 취하지 않도록 조심하는 사람들이 생겨났고, 유전자의 설계도 변하기 시작했어요. 알코올 분해 효소를 만드는 유전자가 제대로 작동하지 않는 방향으로 돌연변이가 생겼지요. 그 결과, 술을 한 잔만 마셔도 얼굴이 빨개지고 머리가 지끈지끈 아픈 사람들이 나타났어요. 이 사람들은 술을 마시면 고통스럽기 때문에 취할 때까지 마시지 못해요.

만일 마을에 축제가 열려 술을 나누어 마시고 모두 취해 있을 때 맹수의 공격이라도 받게 되면 어떻게 될까요? 그나마 덜 취한 사람들이 도망가면, 주민들이 모두 죽어 마을이 통째로 사라지는 일은 피할 수 있겠지요. 심지어 취하지 않은 사람이 있다면, 멀쩡한 정신으로 맹수와 싸워 동료들을 지켜 줄 수도 있어요. 우리 조상들의 DNA는 눈치 빠르게 이 사실을 알아차리기라고 한 것일까요? 유전자 변이 덕분에 술에 취하기 어려운 사람들이 나타나 인류는 무사히 번성할 수 있게 되었답니다.

바이러스가 DNA를 만든다고?

앞에서 우리 몸 안에서 활동하는 세균의 유전자에 대해 알아보았어요. 그런데 세균보다 작은 바이러스는 어떨까요?

바이러스가 우리 몸의 세포 속으로 침입하면, 자신의 DNA(혹은 RNA)부터 풀어놓아요.

이 DNA는 순식간에 복제되어 수천 개에 이르는 바이러스를 만든 뒤 세포를 터뜨리고 나오지요. 바이러스에 감염이 시작된 것이랍니다. 이후 면역 세포가 출동하거나 병원에서 치료를 받으면 우리 몸에서 바이러스를 몰아낼 수 있어요.

그런데 몸이 나았다고 해서 바이러스가 완전히 사라졌을까요? 반드시 그렇지만은 않아요. 수첩에 스티커를 붙였다 떼면 흔적이 남는 것처럼 바이러스도 흔적을 남기고 사라지는 경우가 많아요.

우리의 DNA에서 98%는 무슨 일을 하는지 정확히 알려지지 않았어요. 2%만 몸에 필요한 단백질을 만드는 유전자로 활동하고 있다고 밝혀졌지요. 그런데 역할이 아직 완전히 밝혀지지 않은 DNA 중 일부는 아주 오래전 바이러스가 남기고 간 유전자 조각들이라고 해요. 이 바이러스 유래 유전자는 전체 DNA의 약 8%를 차지한답니다.

지난 수백만 년에 걸쳐 몇몇 바이러스들은 우리 조상들을 감염시킨 뒤 DNA에 몰래 침투했어요. 자신의 DNA 조각을 인간의 DNA에 밀어 넣었지요. 다행히도 바이러스 DNA 조각들은 이미 감염성을 잃었기 때문에 크게 해를 끼치지는 않았지요. 대신 '점핑 유전자'로 활동하기 시작했어요. 이 유전자는 이름 그대로 23쌍 염색체 안에서 이곳저곳으로 점프하며 이동해요. 이 과정에서 가끔 새로운 돌연변이 유전자를 만들기도 하지요.

새로운 돌연변이는 암이나 유전병의 원인이 되는 경우가 많아요. 그래서

과거 과학자들은 점핑 유전자를 쓸모없는 쓰레기 유전자라고 생각했어요. 하지만 최근 연구에서는 점핑 유전자를 새롭게 평가하고 있어요. 일단 이 유전자 조각들은 인간의 DNA 자체가 길어지는 데 기여했어요. 위치를 옮겨 다니는 과정에서 자신의 DNA 조각을 자꾸만 복제해서 끼워 넣으니 인간의 DNA는 점점 길어질 수밖에 없었지요. 다시 말해 바이러스는 자신의 DNA 조각을 기부해 인간 DNA가 60억 개의 염기 물질을 갖추도록 도와주었어요.

물론 바이러스 조각들은 우리의 DNA가 길어지도록 만드는 데에만 그치지 않았어요. 이 과정에서 새로운 돌연변이 유전자를 만들어 진화하도록 도움을 주었지요. 예를 들어 인간의 태반에서도 바이러스의 도움을 받은 흔적이 발견되었어요.

태반은 태아와 탯줄로 이어져 있어요. 태반을 통해 엄마는 산소와 영양분을 태아에게 주고, 태아는 이산화 탄소와 찌꺼기를 내보내요. 이때 중요한 것은 엄마와 태아의 혈액이 섞이지 않는다는 점이에요. 엄마의 혈액에는 태아의 세포를 공격할 수 있는 면역 세포가 있어요. 다행히 이 세포는 태반에 가로막혀 태아의 몸속으로 들어갈 수 없어요. 또, 엄마와 아기의 혈액형이 다르면 둘이 엉겨 붙어 위험해질 수 있어요. 하지만 태반이 필터처럼 엄마 혈액을 걸러 산소와 영양분만 오가도록 해 주지요.

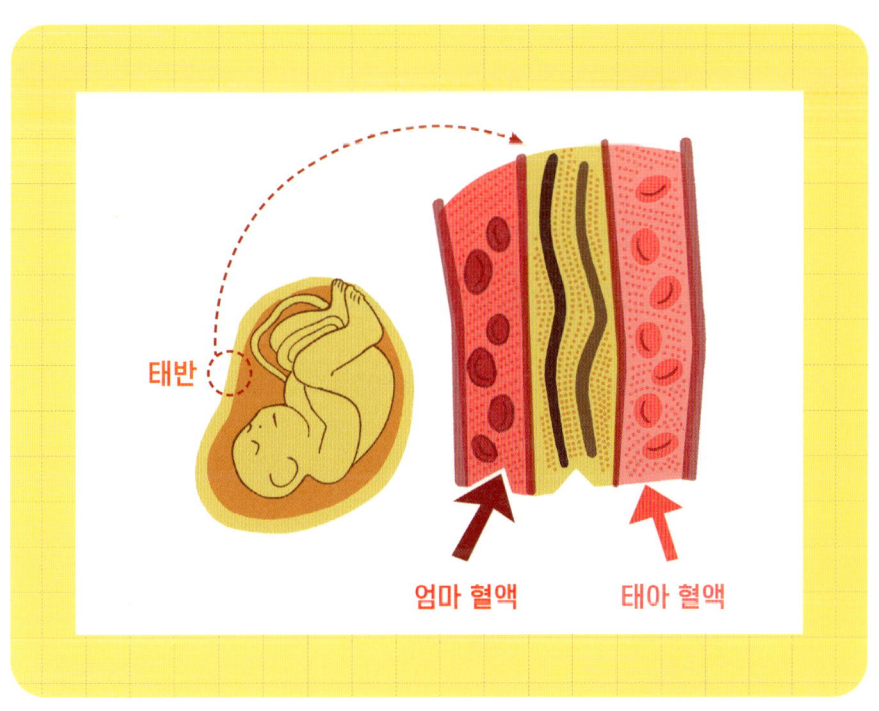

태반이 이토록 중요한 역할을 할 수 있는 것은 특별한 단백질로 이루어져 있기 때문이에요. 그런데 이 특별한 단백질을 만드는 유전자가 바로 바이러스로부터 왔다고 해요. 아주 옛날, 바이러스가 인간 DNA 사이에 남긴 유전자 조각이 특별한 단백질을 만들었고, 이 단백질이 태반이 필터 역할을 할 수 있도록 도와준 거예요. 바이러스의 이런 도움이 없었다면 뱃속에서 새끼를 키워 낳는 포유류는 나타나기 어려웠을 거예요.

어떤 바이러스는 자신의 유전자를 인간의 DNA 속에 몰래 끼워 넣어요.

예를 들어 HIV(인간 면역 결핍 바이러스)는 사람을 감염시킨 뒤, 곧바로 활동하지 않고 조용히 잠복해 있을 수 있어요. 들키지 않기 위해 면역 세포가 잘 닿지 않는 세포 속에 숨어 버리지요. 그리고 자신의 유전자를 인간의 유전자 속에 슬쩍 끼워 넣어요. 이렇게 하면 몸속에서 오랫동안 들키지 않고 버틸 수 있어요. 하지만 언젠가 바이러스는 복제를 시작해요. 면역이 약해진 틈을 타 새로운 바이러스를 만들어 퍼뜨리지요. 그제야 몸은 감염을 눈치채지만 이미 늦은 경우가 많아요.

껐다 켰다 유전자 스위치

우리 몸의 모든 세포에는 염색체 23쌍이 들어 있어요. 염색체는 DNA 덩어리이고, 우리 몸을 이루기 위한 설계도이기도 해요. 우리의 DNA 안에는 약 2만~2만 5,000개 정도 유전자가 있어요. 우리 몸의 모든 세포마다 똑같은 DNA를 가지고 있지만, 활동하는 유전자는 각각 달라요. 혈액 세포가 혈액 세포로 계속 남아 있고, 뇌세포가 뇌세포로 계속 남아 있기 위해 세포마다 서로 다른 유전자들의 스위치를 켜야 하지요.

만약 우리 몸의 세포들에서 모든 유전자가 스위치를 켜면 어떻게 될까요? 어쩌면 많은 세포들이 동시에 죽어 버릴 수도 있어요. 집 안에서도 전자제품들을 모두 동시에 켜면 전기가 과부하돼 차단기가 확 내려가 버리는 것처럼요. 세포들도 지니다 모든 유전자의 스위치를 켜면, 내부, 혀에, 근육, 뼈, 심장, 위, 간 등을 만들기 위한 활동이 한꺼번에 시작돼요. 그만큼 많은 에너지를 한꺼번에 써 버리면 세포가 정상적으로 일하지 못하고, 심한 경우 죽을 수도 있어요.

다행히도 우리 몸 안에는 이런 일이 일어나지 않도록 막아 주는 관리자가 있어요. 특수한 단백질들이 이런 역할을 해요. 예를 들어, 어떤 세포가 되어야 하는지를 알려 주는 단백질과 유전자의 스위치를 올바르게 켜도록 돕는 단백질이 있어요. 즉, 세포의 종류에 따라 해야 할 일을 알려 주고, 어떤 유전자의 스위치를 켜야 할지도 결정해 주지요. 이런 단백질들 덕분에 뇌세포에서는 뇌를 만드는 데 필요한 유전자 스위치만 켜지고, 엉덩이 세포에서는 엉덩이를 만드는 데 필요한 유전자 스위치만 켜져요.

유전자 스위치가 켜질 때 세포 속에선 놀라운 일이 벌어져요. '뇌세포가 되어라!' 혹은 '엉덩이 세포가 되어라!'와 같은 신호가 오면, 유전자 자물쇠들이 출동한답니다. 불필요한 유전자의 스위치가 켜지지 않게 잠그는 일을 하기 위해서예요. 이런 일은 유전자들 옆에 메틸기라는 화학 물질이 스티커처럼 붙으면서 시작돼요. 유전자 옆에 붙어 활동이 멈추도록 만들기 때문에, 앞에선 이것을 '활동 중지 스티커'라고 부르기도 했어요.

메틸기는 유전자의 스위치를 켜는 단백질이 다가오는 것을 막아 주어요.

뿐만 아니라, DNA에서 불필요한 유전자 부분을 압축하는 일도 해요. 강력 접착제로 조각들을 붙여 꼼짝 못 하게 만들듯이, 불필요한 유전자를 이루는 염기들이 서로 달라붙어 돌돌 말리게 만들어요. 혹시라도 이 유전자가 복사되어 단백질이 만들어질까 봐 유전자 암호를 읽지 못하게 막는 역할이지요.

우리 몸의 설계도인 DNA를 하나의 도서관이라고 상상해 볼게요. 이때 각각의 유전자는 도서관의 책꽂이에 꽂힌 책들이랍니다. 그런데 만일 어떤 책에 메틸기라는 스티커가 붙으면, 아예 그 책을 펼칠 수도 없게 돼요. 세포

들이 다른 곳에 힘는 필지 못하도록 본필요한 설계도는 볼 수도 없게 만든 거예요. 예를 들어 뇌세포 도서관에선 뇌 관련 설계도만 읽고, 엉덩이 세포 도서관에선 엉덩이 관련 설계도만 읽게 되어 있답니다.

유전자 자물쇠는 DNA만큼이나 환경의 영향을 쉽게 받아요. 예를 들어 '종양 억제 유전자'에 메틸기가 붙어 잠기는 경우를 살펴볼게요. 종양 억제 유전자는 세포가 마구 분열하는 것을 막아 암을 예방하는 일을 해요. 그런데 이 유전자에 자물쇠가 붙어 스위치가 꺼지면, 마구 분열하는 세포가 나타나도 막지 못해요. 결국 그런 세포들은 대부분 암이 되어 버리지요.

이처럼 유전자 잠금장치가 잘못 붙게 되는 가장 큰 원인은 노화예요. 세포가 나이를 먹어 늙게 되면 제 기능을 못 하기 때문에 엉뚱한 곳에 자물쇠가 붙는 것이지요. 그 외에도 마약, 방사능, 담배 연기, 지나치게 강한 햇빛, 자동차 배기가스 등 해로운 물질이 몸속으로 들어오면 DNA가 망가져요. 그리고 이 과정에서 엉뚱한 곳에 자물쇠가 붙기도 해요.

똑같은 DNA를 갖고 태어난 쌍둥이라도 성인이 되었을 때 건강 상태는 다를 수 있어요. 반대되는 생활 습관을 가졌거나 전혀 다른 환경에서 자란다면, 시간이 지나면서 몸에 큰 차이가 생겨요. 살이 더 찌거나, 병에 잘 걸리거나, 에너지 수준이 다를 수 있지요. 습관과 환경에 따라 스위치를 끄고 켜는 유전자가 달라지기 때문이에요.

또 한 가지 우리가 알아야 할 사실이 있어요. 내가 자라는 동안 해로운 환경에 노출되어 유전자에 잘못된 자물쇠가 붙으면, 그것을 자녀에게 물려주게 될지도 몰라요. 다시 말해 DNA뿐만 아니라 DNA에 붙는 자물쇠도 유전된다는 것이지요. 나 자신을 위해서뿐만 아니라, 미래 세대를 위해서도 DNA를 망가뜨리는 환경 문제는 꼭 해결되어야 한답니다.

부록

트라우마와 유전자 스위치

우리 옛 속담에 '호랑이 굴에 잡혀가도 정신만 차리면 산다'라는 말이 있어요. 큰 어려움에 빠져도 주위를 살피고, 도망가야 할지 맞서 싸워야 할지 잘 판단하면 살아날 수 있다는 뜻이지요.

옛 조상들은 먹을 것을 구하러 나갔다가 종종 호랑이 같은 맹수와 마주치곤 했어요. 만일 수풀을 지나고 있는데 멀리서 호랑이 한 마리가 어슬렁 걷는 것을 보았다고 상상해 보세요. 후각이 예민한 호랑이는 바람의 방향만 살짝 바뀌어도 알아차리고 쏜살같이 내게 달려들 거예요. 호랑이가 눈치채기 전에 재빨리 도망쳐야 해요.

이런 경우 우리 몸에선 코르티솔이 나와요. 앞에서 이야기했듯이 코르티솔은 도망치거나 싸울 준비를 하라고 외치는 알람 신호예요. 일단 심장을 더 빨리 뛰게 만들어 많은 산소를 한꺼번에 근육으로 보내요. 아무래도 힘을 쓸

일이 많아지니까요. 또, 소화 기관이나 면역 세포가 일시적으로 활동을 멈추도록 해요. 모든 에너지를 적과 싸우거나 도망치는 일에 집중하기 위해서예요.

시간이 흘러 코르티솔이 나오지 않고 알람이 꺼지면, 우리 몸은 다시 정상으로 돌아와요. 이제 적으로부터 벗어났으니 소화도 하고, 잠도 자고, 면역 반응도 시작해야 하니까요. 면역 반응이 시작되면 몸에 변화가 생겨요. 몸이 회복하기 위해 열이 나거나 목이 붓고, 상처가 빨갛게 부어오르기도 해요. 이 모든 것은 코르티솔 때문에 눌려 있던 면역 세포들이 치료를 시작했다는 증거지요.

만일 알람이 꺼지지 않고 코르티솔이 계속 나오면 어떻게 될까요? **계속 적에게 쫓기고 있다는 불안함에서 벗어날 수 없어요.** 맥박은 쓸데없이 빨리 뛰고, 몸은 계속 긴장해 있고, 소화도 안 되고, 잠도 오지 않을 거예요. 그 결과 여러 가지 질병에 걸려도 면역 반응이 없으니 제대로 알아차리기 어려워요. 또, 불안함과 동시에 무슨 일이든 귀찮기만 해요. 몸만 아픈 게 아니라 마음에도 깊은 병이 들기 시작하지요.

현대 사회에서 호랑이에게 쫓기거나 적의 공격을 받을 일은 거의 없어요. 대신 사람들이 도시에 모여 살며 서로 경쟁하다 보니 스트레스를 받지요. 특히 어린이의 뇌는 발달하는 중이기 때문에 주변 환경에 민감해요. 어릴 때 정신적으로 큰 충격을 받거나 스트레스를 받으면, 그 상황을 오랫동안 기억해요. 그때와 조금이라도 비슷한 상황과 마주하면 뇌에서 불안과 공포를 느끼는 부분이 지나치게 활동해요. 이런 일이 되풀이되다 보면 충격으로부터 회복하기가 점점 어려워져요. 늘 스트레스를 느끼며 호랑이에게 쫓기는 것 같은 상황에 놓이는 거예요. 이처럼 충격이 마음에 큰 상처가 되어 계속 영향을 끼치는 현상을 트라우마라고 해요. 트라우마가 남으면 우리 몸은 아무런 이유 없이 계속 스트레스를 받아요. 스트레스는 코르티솔을 만드는 주범이에요. 특히 어린 시절에 트라우마를 경험하면 코르티솔 생산 유전자가 크게 영향을 받아요. 이런 경우, 어른이 되어도 원래대로 돌아가기 어려워요. 그 결과 스트레스로 인한 불안과 공포가 늘 마음을 지배해 병들지요. 몸도 항상 피곤하고 자주 아프게 돼요. 이때에는 몸과 마음의 긴장을 푸는 훈련을 통해 알려 주어야 해요. 지금은 스트레스 상황이 아니라는 것을요. 만일 지금 트라우마로 힘겨워하고 있다면, 코르티솔 관련 유전자가 필요할 때만 켜지도록 치료를 받는 것이 좋아요.